Mon aventure européenne

Images et souvenirs

P.I.E. Peter Lang

Bruxelles · Bern · Berlin · Frankfurt am Main · New York · Oxford · Wien

Pierre DUCHÂTEAU

Mon aventure européenne

Images et souvenirs

Collection « Mémoires de l'Europe en devenir »
n° 3

Ce livre a bénéficié du soutien de l'European Foundation
for Management Development

Éditions scientifiques internationales
Bruxelles, 2011
1 avenue Maurice, B-1050 Bruxelles, Belgique
www.peterlang.com ; info@peterlang.com

ISSN 2032-5843
ISBN 978-90-5201-790-7
D/2011/5678/81

Information bibliographique publiée par « Die Deutsche Nationalbibliothek »
« Die Deutsche Nationalbibliothek » répertorie cette publication dans la « Deutsche Nationalbibliografie » ; les données bibliographiques détaillées sont disponibles sur le site http://dnb.d-nb.de.

Table des matières

Témoignages

Remerciements

Cet ouvrage n'aurait pu voir le jour sans le précieux soutien de l'European Foundation for Management Development (EFMD). Que soient également remerciés Benoît Aubenas, Guy Dubois, Gabriel Fragnière, Franz Froschmaier, Hervé Jouanjean, Dina Lousberg, Michel Mullejans, Heinrich von Molkte et David Ting pour l'aide et les encouragements qu'ils m'ont apportés.

Shérial Duchâteau

Préface

Éric CORNUEL

Directeur Général EFMD, Bruxelles

Écrire la préface de ce livre à la mémoire de Pierre Duchâteau est pour moi un honneur et un grand plaisir néanmoins teinté de tristesse de ne plus avoir l'immense joie de converser avec cet homme plein d'humour, d'humanité et de confiance en l'avenir. Les motifs de fierté d'avoir croisé sa route à un moment donné et d'avoir cheminé à ses côtés pendant quelques années sont nombreux. Je garderai de Pierre l'image d'un homme de culture aux multiples talents :

- talent de visionnaire dans son analyse des relations Chine-Europe,
- talent de stratège dans sa confiance en l'éducation et ses retombées positives à terme,
- talent d'entrepreneur dans sa capacité à prendre des décisions et agir au moment opportun.

Les activités de l'EFMD en Chine ont débuté en 1984, grâce à un financement de la Commission Européenne. Alors que la Chine s'ouvrait à peine à l'international, nous avions lancé un « Master of Business Administration ». Il s'agissait alors des premières activités de ce qui allait devenir la China-Europe International Business School (CEIBS) établie à Shanghai en 1994 comme *joint venture* entre l'Europe, représentée par l'EFMD, et le gouvernement chinois, représenté par Shanghai Jiaotong University.

Sans l'intervention ni le support de Pierre Duchâteau, cette initiative n'aurait sans doute jamais pu voir le jour.

Fait unique dans l'histoire de la collaboration internationale en Chine, CEIBS est aujourd'hui encore la seule école internationale à statut indépendant. Internationalement reconnue, elle compte désormais parmi les 20 meilleures dans le monde, moins de 20 ans après sa création.

Dès l'origine, Pierre a joué un rôle visionnaire pour le développement de l'école : il aspirait à voir le CEIBS favoriser la mise en place d'un réseau de décideurs chinois sensibles aux affaires européennes. C'est avec cet objectif en vue que l'Academia Sinica Europaea de l'école a été mis en place. Il avait également prévu le développement des relations Chine-Afrique et l'école est maintenant présente au Ghana.

Des milliers d'étudiants et de cadres, de professeurs et de chercheurs sont passés par le CEIBS et ont contribué à en faire ce lieu d'échange exceptionnel entre l'Europe et la Chine. Tous, à leur manière, poursuivent la voie tracée par Pierre Duchâteau.

Introduction

L'obstination du hasard

Shérial DUCHÂTEAU

Épouser une femme en même temps qu'épouser une cause, n'est pas toujours évident. Cela a pourtant été le cas pour Pierre et moi.

Nous nous sommes rencontrés pour la première fois à Bruxelles en 1958. À cause de mes langues parlées, je venais d'être engagée par la ville de Bruxelles comme hôtesse VIP à l'Exposition Universelle et Internationale, fuyant l'Egypte de Nasser après 30 ans d'une vie merveilleuse passée là-bas.

Au même moment, Pierre débarquait de Paris à Bruxelles plein d'enthousiasme, prêt à participer à l'aventure européenne. C'est ainsi que nous nous sommes retrouvés par le plus grand des hasards… Rien ne nous rapprochait l'un de l'autre, sinon les amis communs qui nous avaient présentés.

Deux parcours parallèles, à des lieues l'un de l'autre, mais que certaines circonstances s'obstinaient à croiser en nous mettant sans cesse en présence l'un de l'autre, soit autour de repas chez des amis communs, soit dans d'autres situations inattendues.

Le fait est que nous communiquions tous les deux, avec deux langages et deux manières de penser très différentes, mais non moins intéressantes l'un pour l'autre. Avec Pierre, j'apprenais toujours quelque chose de nouveau, ne ressortant jamais vide d'une conversation. De son côté, le fait que je provenais d'une vieille civilisation semblait le fasciner.

Pour ma part, je fus d'abord engagée comme speakerine et programmatrice à la Radio Télévision Belge, ensuite comme directrice d'Havas Conseil Relations Publiques qui ouvrait un bureau à Bruxelles. Pendant ce temps, Pierre montait tout doucement en grade prenant de plus en plus de responsabilités ; c'est ainsi qu'il m'encouragea à nouer des contacts avec certains secteurs de la CEE, notamment celui des Foires et Expositions.

Grâce à son intervention, je fus envoyée à la Nouvelle-Orléans pour animer le pavillon de la CEE durant 6 mois. Scandalisée par l'ignorance et l'indifférence des américains à l'égard de l'Europe, je décidais d'ouvrir un bureau de relations publiques à New York, que j'appelais modestement « The Euro-American Club », et qui avait les activités d'une petite chambre de commerce. C'est là que j'ai pris vraiment conscience de ce que pouvait représenter la Communauté Européenne et que je me suis de plus en plus investie dans cette optique.

Lorsque Pierre fut nommé ambassadeur de la CEE en Chine, il me fit les honneurs de Pékin tandis que, de mon coté, je le recevais à intervalles réguliers à New York. Il se plaisait à dire : « j'ai fait cinq fois le tour du monde pour rencontrer ma future femme ! » Et c'est ainsi que, par un beau jour de mai, en l'an 2000, nous avons décidé d'unir nos vies sous la houlette de Nicolas Sarkozy, alors maire de Neuilly.

Nos différences n'ont fait que renforcer notre union. Pierre me séduisait par sa culture, je le fascinais par ma spontanéité et ma communicabilité. Ses talents de conteur m'interpellaient sans cesse, aussi l'ai-je longtemps tarabusté pour qu'il dicte ses mémoires.

C'est finalement en 2006, au bord de la Mer Rouge, que par un beau matin de printemps, il m'a demandé, après le petit déjeuner, de le suivre dans sa chambre pour l'écouter me raconter son histoire, ceci sans une note en main, devant une mer d'azur au pied du Mont Sinaï.

Quand et pourquoi se réveille-t-on un beau jour en se disant qu'il faut absolument et impérativement empêcher de laisser s'évader tout ce qui a vraiment et intensément compté dans sa vie ?

C'est la pression que Pierre a ressenti ce beau matin de printemps au bord de la Mer Rouge au pied des montagnes de pierre grises qui la borde, avec la soudaine impression, ou plutôt la certitude, que le monde bougeant à toute allure, rien ne pourrait remplacer ce qu'il avait tellement intensément vécu.

C'est ce vécu que Pierre a absolument tenu à me livrer en faisant appel de toutes ses forces à sa mémoire et à ses souvenirs pour faire défiler devant moi les 40 années de sa vie qui avaient le plus compté pour lui, celles qui avaient éveillé en lui le désir intense de participer à cette grande aventure politique humaine et historique qu'a été le premier rassemblement européen.

J'aurais, bien sûr, préféré l'enregistrer ne serait-ce que pour garder de lui un souvenir vivant, mais Pierre a insisté pour que je tape son récit sur mon ordinateur, m'expliquant qu'il pourrait ainsi plus facilement le corriger. Mais le temps a passé et la maladie de Parkinson l'a rattrapé sans qu'il puisse le faire.

Il me pardonnera, aussi bien que le lecteur, si certaines erreurs ou distractions se sont subrepticement glissées dans son texte, mais je puis vous assurer que le cœur y était !

Avant-propos

Souvenirs personnels et « mémoire commune »

Réflexions de Gabriel FRAGNIÈRE

En se plongeant dans la lecture de ces souvenirs qui constituent « L'aventure européenne » personnelle de Pierre Duchâteau, le lecteur sera naturellement entraîné par la richesse des images, portraits, impressions, sentiments qui animent la vie de cet être particulièrement ouvert et observateur. Ce texte n'est pas un récit, il n'écrit pas une histoire, il témoigne. Certes, l'auteur poursuit une action passionnante à ses yeux : « La construction européenne », mais il ne prétend pas proposer un récit factuel et objectif de cette construction. Son but n'est pas de dire ce qui s'est passé dans l'histoire et quel chemin cette histoire a poursuivi, mais ce qu'il a vécu et fait dans cette histoire, les personnes qu'il a rencontrées, les événements qui l'ont touché, les lieux que ses missions lui ont permis de découvrir, les hasards de la vie qui ont suscité sa passion, les initiatives qu'il a pu prendre et les responsabilités qu'il a pu assumer, tout cela dans le cadre d'une transformation fondamentale et rapide des sociétés, des lieux et des pays qu'il visite dans son aventure et qui ont pour effet de le transformer lui-même. C'est finalement davantage ce qu'il devient qui retient l'attention de ses souvenirs, que ce qu'il a accompli concrètement.

Car il semble qu'il s'agit davantage d'une aventure, à ses yeux, que d'une mission. Il ne poursuit pas un but donné d'avance, et pour lequel il devrait faire des choix politiques et s'engager dans une orientation bien spécifique. Il le signale d'ailleurs à diverses reprises :

> Il est certain que je me suis consacré à la construction européenne avec une liberté totale du fait même que je n'appartenais à aucun clan politique. Pour autant que je m'en souvienne, l'attrait qu'exerçait sur moi la lecture de la presse étrangère ne me laissait jamais indifférent. C'est avec avidité que j'épluchais tous les matins les commentaires des journaux. Il y avait donc, en moi, un souci permanent de décoller et d'aller au-delà de nos frontières. (p. 16)

C'est dans cette aventure qu'il va plonger avec bonheur dès son arrivée à Bruxelles en 1958, avec un premier poste dans le Cabinet de Louis Armand, puis comme chef de Cabinet adjoint de son successeur, Étienne

Hirsch, à la Présidence de la Commission européenne de l'Énergie atomique, Euratom. Il a donc fait partie de cette toute première équipe qui allait constituer les futurs cadres de l'Euratom et du Marché Commun. Très vite Pierre va se trouver en charge de dossiers délicats et importants qui vont l'amener à rencontrer régulièrement et de manière informelle les partenaires les plus importants de cette grande aventure. Son sens très aigu de l'amitié et son entregent feront merveille et lui vaudront, de la part de ses interlocuteurs, une réputation d'excellent négociateur ainsi qu'un grand capital de sympathie.

C'est là où la distinction entre une mission et une aventure peut faire comprendre ce qui se passe chez l'individu. Dans le cadre d'une mission, c'est la tâche accomplie qui s'inscrit dans la mémoire. Dans une aventure, c'est le devenir des êtres qui nourrissent les souvenirs.

Je me permettrai ici une petite remarque. L'observation des acteurs de la construction européenne que j'ai pu poursuivre personnellement depuis les années cinquante, m'a appris à distinguer ceux qui se satisfaisaient de leur tâche de ceux qui comprenaient qu'ils se transformaient eux-mêmes. Faire l'Europe n'implique pas forcément que l'on devient européen. Il y a ceux qui « pensent l'Europe » comme objet, et ceux qui « pensent européen » en assumant leur avenir. Je crois que c'est l'évolution qu'a suivie Pierre Duchâteau et qu'il nous communique dans la présentation de ses souvenirs personnels. Or justement, ces souvenirs « subjectifs » qui marquent un devenir deviennent une « mémoire commune » pour ceux qui en profiteront plus tard. Le lecteur devra en tenir compte en parcourant ces pages.

Or la carrière même de Pierre Duchâteau s'inscrit dans une ligne favorisant cette évolution. Il le dit de la façon suivante :

> Travailler pour un cabinet revient à exprimer la pensée d'un autre, en l'occurrence de son patron. Ce n'est qu'en prenant la Direction d'un service qu'on devient son propre maître. Les cabinets sont très utiles sur le plan de la formation et du jugement mais, à un moment donné, une fois devenu complètement rôdé aux affaires européennes, on réalise qu'il est temps de décrocher. C'est en assumant mes propres responsabilités que j'arrivais à prendre la mesure de mon jugement et de mes capacités de négociateur. Le poste de négociateur est extrêmement délicat. Le négociateur est mandaté par les États membres de la Communauté, d'une part pour vendre à un pays tiers la position Communautaire, et d'autre part aux États membres la position du pays tiers en question. C'est exactement la situation décrite dans un film anglais : *La solitude du coureur de fonds*. Déterminer la position Communautaire dans son ensemble prend souvent des mois, voir des années, car avant de s'engager, il faut d'abord que tous les pays se mettent d'accord sur un point précis. C'est pourquoi, réussir un accord avec un pays tiers représente des efforts considérables et répétés. Il faut avoir *une conviction européenne solidement charpentée* pour résister aux déboires, aux ma-

> ladresses, aux détournements de situation et au découragement qui viennent parfois vous envahir en cours de négociation. (p. 70)

En 1968, lors de la fusion des exécutifs de l'Euratom et du Marché Commun, il demeure près des centres de décisions et grimpe les échelons les uns après les autres pour devenir d'abord « Directeur des Relations extérieures », puis « ambassadeur de la Commission Européenne auprès de l'OCDE et de l'UNESCO » à Paris, et enfin « premier ambassadeur de l'Union européenne auprès de la République populaire de Chine ». Un cheminement qu'il pouvait accomplir lui-même avec ce qu'il disait posséder ; « une conviction européenne solidement charpentée »

Ses différents postes le mènent à établir des contacts avec de nombreux acteurs de la scène internationale dont il est souvent « partenaire » dans le cadre de certaines négociations. Cette longue carrière, placée sous le signe de la confiance et de l'amitié, ont fait de Pierre Duchâteau un incomparable conteur dont les histoires les plus sombres n'ont jamais manqué d'humour, au point que tous ses amis insistaient pour qu'il écrive ses mémoires, parce qu'ils y voyaient une mine de renseignements pour les générations à venir, aussi passionnées que lui par l'aventure européenne.

C'est finalement en Asie, et en assumant l'immense responsabilité de représenter l'Europe en Chine, qu'il va couronner sa démarche personnelle d'Européen convaincu. Il va être conduit à situer son travail à la dimension de la mondialisation en repensant en conséquence le rôle de l'Europe dans le monde. Mais il devra pour cela s'intégrer autant que possible dans la culture chinoise. De nombreuses pages de ce livre en témoignent. Il indique comment il a préparé son départ en allant demander le conseil d'un ancien ambassadeur de France en Chine, Étienne Mana'ch, qui s'était retiré en Normandie :

> En 1988 à la veille de mon départ pour Pékin, il m'avait donné le conseil de me « siniser » tout en restant moi-même, et c'est là que réside toute la difficulté pour un Européen en Chine. Au fur et à mesure où celui-ci s'installe dans le pays, y apprend la langue et les coutumes, il commence à pratiquer « l'understatement » à la chinoise, c'est-à-dire qu'il reste en retrait de lui-même et ne dévoile pas ses intentions tout en les laissant deviner. Un peu plus tard, il s'exprimera plus clairement et proposera une solution claire qui devrait emporter l'adhésion des deux côtés. C'est là tout le talent du négociateur, sinon ces négociations risquent de durer éternellement, les chinois ignorant la notion temps. (p. 137)

Le moins qu'on puisse dire est qu'il a su assumer sa position d'« Européen chinois », et faire prendre conscience à l'Europe, du moins à ceux des européens qui voudront bien l'écouter, le nouveau rôle que l'Europe devrait jouer dans le monde.

> En conclusion, je dirais que si nous devions donner raison à Kipling « East is East and West is West and never the twins will meet », l'avenir de l'humanité s'annoncerait assez sombre. Avec moins de suffisance et plus de curiosité, je dirais simplement aux Européens de découvrir que ce que la Chine peut offrir à l'Europe : un sens de la responsabilité sociale doublé d'une attention à l'autre. En ce sens, un détour par la Chine est loin d'être inutile. (p. 129)

Peu après son décès, le 22 juillet 2009, son épouse, Shérial Duchâteau nous a confié que son mari lui avait dicté ses souvenirs. Hélas, Pierre Duchâteau nous a quitté avant d'avoir pu relire ses textes et d'y apporter les corrections qu'il aurait souhaitées, c'est pourquoi il nous a paru indispensable de les respecter tels qu'il les avait confiés à son épouse, avec peut-être, ici et là, quelques retouches explicitant son récit pour en faciliter la lecture. Nous avons également structuré l'ensemble pour mieux faire apparaître le cheminement du « récitant ». Il se pourrait que certains lecteurs aient un jugement différent sur tel ou tel épisode, sur telle ou telle description des institutions et des rôles spécifiques de certains hommes politiques, mais peu importe. Que ceux qui, comme Pierre, « pensent européen », lui laissent le privilège de la sincérité de son témoignage, et l'histoire nous montrera en quoi celui-ci peut apporter une richesse complémentaire à notre « mémoire commune ».

> *La mémoire, où puise l'histoire qui l'alimente à son tour, ne cherche à sauver le passé que pour servir au présent et à l'avenir. Faisons en sorte que la mémoire collective serve à la libération et non à l'asservissement des hommes.*
>
> Jacques le Goff, *Histoire et mémoire* (Gallimard, Folio histoire, p. 177)

CHAPITRE I

L'Europe : découverte et engagement

Être soi-même aujourd'hui, qu'est-ce que cela signifie ?

Je suis né français, mais à quoi cela correspond-il aujourd'hui ? Je n'en sais trop rien… À mon époque, être français signifiait quelque chose de précis, une certaine vision des choses, une conception de la civilisation, mais il semble que cela n'a plus rien à voir avec le monde d'aujourd'hui où tout est mélangé : richesse, pauvreté, races, privilèges, bonheurs, malheurs, où le terme « people » a pris le dessus sur tout ce qui est grave et sérieux et est devenu le fond de commerce de la plupart des grands journaux et éditoriaux. La rue, elle aussi, a changé. Et avec elle les mentalités.

J'ai du mal aujourd'hui à retrouver ce ressort profond qui nous permettait de croire encore aux miracles. Il est vrai que le monde change à toute allure et qu'on a du mal à retrouver ses valeurs propres. C'est pourquoi, je voudrais faire un retour en arrière sur tout ce qui a été ma jeunesse et ce en quoi j'ai cru de toutes mes forces.

Je suis né en 1929, l'année de la grande dépression et, près de 80 ans après, je m'aperçois que nous sommes condamnés à vivre la plupart du temps entre deux crises. C'est la raison pour laquelle, depuis 1958, je me suis profondément attaché à une idée qui a fait son chemin et qui, je le crois, a encore une certaine valeur, bien que celle-ci dérape sans cesse et s'éloigne à grandes enjambées de son but premier.

À 29 ans, l'âge à mon arrivée à Bruxelles, j'avais derrière moi un héritage spirituel important. Mon père était fonctionnaire à la Résidence générale de France au Maroc, depuis 1923, et a passé toute sa carrière dans les services du Protectorat. Depuis mon jeune âge, il aimait m'associer aux conversations qu'il avait avec ses amis, à la Résidence générale. Son influence a été très grande sur moi et je sentais, tout comme lui, que j'aurais envie un jour de devenir diplomate. Je me souviens qu'à l'âge de 14 ans, dans le patio de la bibliothèque de Rabat, tout en me balançant sur un fauteuil à bascule en compagnie de mes camarades marocains, membres de l'Istiqlal (parti politique revendiquant l'indépendance du Maroc), je leur avais annoncé d'un ton solennel que le Protectorat allait disparaître à la fin de la guerre et que mon engagement serait celui d'un Européen, ce qui à mes yeux représentait déjà une valeur ajoutée à mon statut de citoyen français.

Première initiation politique au Maroc

En effectuant mes études primaires à l'école européenne de « la Tour Hassan », à Rabat, j'ai découvert des enfants espagnols, portugais et marocains, qui étaient très différents de mes compagnons français dont j'avais pris les habitudes et les manières.

Pour moi, cette ouverture à un autre monde m'a énormément marqué. Je passais soudainement, des allées ratissées du Parc de Versailles où j'habitais, aux messages tonitruants des minarets de l'Islam.

Mes camarades espagnols discutaient déjà entre eux de la guerre civile qui se déroulait dans leur pays. Tous les matins, dans la cour de l'école, nous suivions sur une carte la progression des franquistes et la bataille de Barcelone contre les anarchistes, si bien décrite par André Malraux dans *l'Espoir*. Tandis qu'à la maison, la bonne espagnole me racontait la guerre d'Espagne à coups de fer à repasser impératifs, sans se soucier le moins du monde qu'elle était en train de brûler notre linge.

Je me souviens que le 19 mai 1940, jour de ma première communion, mon père descendait derrière moi les marches de la cathédrale Saint Pierre à Rabat aux côtés d'un colonel français qui nous déclara que l'armistice qui venait d'être signé constituait une grande défaite pour la France. Le gouvernement du maréchal Pétain, dont Pierre Laval constituait le mauvais génie, entretenait un climat de repentance parmi les français. Les poèmes de Charles Péguy, les articles polémiques de Bernanos ne manquaient pas d'entretenir ce climat délétère.

Le jour de la rentrée des classes au Lycée Gouraud à Rabat, notre professeur nous déclara qu'il fallait constituer entre nous des « ligues de loyauté », en s'engageant à ne plus copier les uns sur les autres. Quinze jours après, tous les élèves avaient un livre sur les genoux et trichaient sans se gêner. Le Maréchal Pétain avait demandé aux jeunes de s'engager dans un mouvement de jeunesse qui s'appelait « les gardes » et qui était proche des jeunesses hitlériennes. Tous les lundis matins, à 8 heures, les élèves devaient se rassembler dans la cour pour le salut aux couleurs. Les scouts saluaient le drapeau avec trois doigts de la main levée, les gardes avec le bras droit croisé sur la poitrine. Je me sentais très isolé par rapport à eux, car mon père ne souhaitait pas que je fasse partie de ces mouvements et voulait que mon éducation se déroule en dehors de toutes ces contraintes. Se référant à Montaigne, il me déclarait d'un ton solennel : « Je veux, mon fils, que tu restes libre de tes choix. »

Le 8 novembre 1942, lors du débarquement des Américains dans Rabat, le régime imposé par Vichy fut progressivement éliminé, et l'Amiral Darlan assassiné.

Le général Noguès, nommé par Vichy, partit pour le Portugal. Le 17 mars 1943, le général de Gaulle, qui arrivait de Londres, rallia l'Afrique du Nord à la politique suivie par les alliés. C'est alors, que la France prit part au débarquement des alliés anglo-américains en Italie et en France. Un contingent français important participa à la campagne d'Italie.

Je me souviens que pendant toute l'année 1943, au Lycée où je me trouvais, 300 parmi les 1000 élèves inscrits (qui se sont engagés) furent tués, soit trois classes du Lycée ! Ces souvenirs m'ont tellement marqué qu'ils n'auront pas été étrangers à ma décision de survoler toutes ces haines et de m'engager un jour au service d'une Europe unie.

Après avoir obtenu mon baccalauréat, mon père me fit travailler à la Résidence générale, comme Secrétaire de la Commission des Finances du Protectorat.

Le Maroc étant le seul pays du monde musulman à posséder un rivage Atlantique, ce n'est donc pas par hasard si les américains ont toujours porté un regard attentif sur ce pays et sur son évolution. En 1943, c'est au Maroc, à la Conférence d'Anfa, que le président Roosevelt, Winston Churchill, le général de Gaulle et le général Giraud ont fait savoir au Sultan Mohamed V qu'ils seraient favorables à l'indépendance du Maroc à la fin de la guerre. Ceci entraîna une grande hostilité entre Roosevelt et de Gaulle, ce dernier voulant affirmer son pouvoir à la veille du débarquement et ne souhaitant pas entendre parler d'une intervention américaine. Le général de Gaulle arrivant de Londres prit la tête à Alger, en mars 1943, d'un gouvernement provisoire. Les américains qui avaient fournis un gros effort, finirent par reconnaître son gouvernement et Jean Monnet, qui avait été à Washington l'homme chargé de constituer un programme d'aide en équipement militaire et agricole, devint le meilleur « go between » entre le président Roosevelt et le général de Gaulle. Ce gouvernement provisoire comprenait des hommes de tous les partis politiques.

Ma découverte de l'Europe

Ma première découverte de l'Europe s'est déroulée pendant mon service militaire, suite à ma rencontre avec Hans Guggenbuhl, fils d'un pasteur alsacien de Gries, petit bourg près de Saverne. À travers nos conversations, je découvrais non sans surprise qu'on pouvait appartenir à la fois au monde français et au monde germanique.

Cet ami me fit visiter Berlin en 1953 et ce voyage fut des plus impressionnants. La ville de Berlin était en effet complètement dévastée. Rossellini, dans son film *Allemagne année zéro*, avait bien retracé l'étendue du désastre. C'est à ce moment que je compris, plus que jamais, la nécessité de développer une coopération franco-allemande.

Il est certain que je me suis consacré à la construction européenne avec une liberté totale du fait même que je n'appartenais à aucun clan politique. Pour autant que je m'en souvienne, l'attrait qu'exerçait sur moi la lecture de la presse étrangère ne me laissait jamais indifférent. C'est avec avidité que j'épluchais tous les matins les commentaires des journaux. Il y avait donc, en moi, un souci permanent de décoller et d'aller au-delà de nos frontières.

La France en ébullition

Avant d'entrer dans les dédales d'un engagement, à l'aube d'une Europe Communautaire, je voudrais planter le décor et vous décrire l'atmosphère générale qui régnait en France à cette époque, depuis l'année 1956 qui a été marquée par l'agonie de la IVe République jusqu'à l'arrivée au pouvoir du général de Gaulle, le 13 mai 1958.

À Alger, une immense manifestation rassemblait les français d'Algérie qui eurent vite fait de déborder le service d'ordre et de prendre d'assaut le bâtiment du gouvernement général. Un comité de salut public fut constitué et le général Massu, d'abord réticent, en prit la présidence. Le même jour, Pierre Pflimlin fut investit par l'Assemblée Nationale comme Président du Conseil à Paris avec un vote quasi unanime des parlementaires y compris les communistes. Le général Massu s'était rallié au général de Gaulle, soucieux de rendre l'Algérie aux algériens, tandis que les français d'Algérie refusaient catégoriquement de reconnaître l'autorité du Président du Conseil sous prétexte qu'il avait mentionné dans une interview qu'il fallait que les français entament des pourparlers de paix avec le FLN. De Gaulle, qui voulait prendre le pouvoir dans la légalité la plus totale, se donna le temps nécessaire pour parvenir à rallier les français d'Algérie. Il fut investi en tant que Président du Conseil, le 2 juin 1958, et décida de mettre en chantier un projet de Constitution de la Ve République qui fut soumis à un référendum et finit par aboutir à sa nomination comme premier Président de la Ve République.

Mon arrivée à Bruxelles

C'est dans cette atmosphère houleuse que je débarquais à Bruxelles le 13 mai 1958, muni d'un visa délivré par la préfecture de police de Paris. Le général de Gaulle au pouvoir, personne ne pouvait quitter le territoire français sans autorisation. J'allais faire partie de cette première équipe qui allait constituer les futurs cadres de l'Euratom et du Marché Commun. J'ai eu la chance d'être nommé au Cabinet de Louis Armand, désigné par Jean Monnet. À l'époque, nous n'étions qu'une cinquantaine de fonctionnaires auxquels, à la fin de chaque mois, un préposé aux salaires venait délivrer une enveloppe personnelle avec nos honoraires. Ils auraient fort à faire aujourd'hui, s'ils avaient poursuivi un tel système, pour les dizaines de milliers de fonctionnaires que comptent aujourd'hui les institutions européennes.

Déjà en 1953, la Communauté Européenne du Charbon et de l'Acier (CECA) avait installé son siège au Luxembourg et constitué le premier noyau de fonctionnaires européens. Bruxelles avait donc été choisie comme siège provisoire des Institutions, ce qui fut d'une grande habileté politique de la part du ministre des Affaires étrangères belge, Paul-Henri Spaak qui, de ce fait, parvint à évincer la candidature du Luxembourg et à faire en sorte que Bruxelles devienne la capitale de l'Europe. Il était clair qu'à cette époque, Bruxelles était la seule ville capable d'offrir suffisamment de bâtiments et de bureaux pour y loger la future administration européenne.

Trois événements importants : l'instauration de la Communauté Européenne du Charbon et de l'Acier en 1953, le rejet d'une Communauté Européenne de Défense en 1955 par le gouvernement de Mendès France et la Conférence de Messine en 1956, avaient conduit à l'idée de créer une « Communauté Économique Européenne ». C'est ainsi que les négociateurs des 6 pays : Allemagne, France, Italie, Belgique, Hollande et Luxembourg se sont réunis à Bruxelles, au château de Val Duchesse, pour rédiger deux traités : Le « traité de la Communauté Économique Européenne » et le « traité de l'Euratom » signés à Rome en mars 1957. Mais en France, dans l'esprit du général de Gaulle, il fallait d'abord régler l'affaire algérienne avant de se consacrer à la politique européenne.

La naissance de l'Euratom et le « Rapport des 3 Sages »

L'Euratom a été créé suite à la crise de Suez qui avait entraîné la première pénurie de pétrole en Europe. La nationalisation du Canal de Suez avait eu des conséquences énergétiques loin d'être négligeables. En raison de cette crise, les pays membres du Marché Commun ont confié la rédaction d'un rapport dit des « 3 sages », à un français, Louis Armand, un allemand, Werner Etzel et un italien, Francesco Giordani. Ce rapport précisait qu'il était indispensable d'avoir recours à une énergie nucléaire complémentaire des autres énergies, telles que le charbon et le pétrole. La France, qui était elle-même une puissance nucléaire, avait mis au point une filière de réacteurs nucléaires (graphite-gaz) supposée concurrencer, sur le plan européen, la filière des réacteurs américains Westinghouse. L'Euratom était donc conçu comme une mise en commun des ressources nucléaires européennes, visant à répondre à la concurrence américaine. De son côté, le général de Gaulle avait déjà conçu le projet de recourir à la force nucléaire et de faire exploser une bombe dans les mois à venir. De ce fait, la position de Louis Armand était des plus délicates. Il craignait de voir le général désavouer l'Euratom et ne tarda pas à se rendre compte que sa tâche allait devenir de plus en plus difficile. Entre temps, les équipes de l'Euratom se mirent au travail. La Commission était composée de 5 membres : un Président français, Louis Armand, un vice-président Italien, Enrico Medi, auxquels s'ajoutaient l'allemand Heinz Krekeler, le hollandais Emmanuel Sassen et le belge Paul De Groote.

Louis Armand : un grand commis de l'État

Louis Armand était un haut fonctionnaire français d'une grande qualité qui affrontait la scène internationale pour la première fois. D'origine savoyarde, il avait fait ses études à Paris. Polytechnicien d'abord, ingénieur des mines ensuite, il avait occupé différentes fonctions avant d'être nommé Président Directeur Général de la Société Nationale des Chemins de Fer français. Excellent technicien, il avait inventé le système d'accrochage automatique des wagons, ce qui avait permis, par la suite, la création des trains à grande vitesse. Il était le prototype de ces grands commis de la République qui ont activement participé au redressement économique de la France après la libération et ont constitué l'élite technicienne de la IVe République. C'est ainsi que Jean Monnet avait recommandé sa nomination comme Président de l'Euratom.

Mes espoirs et mes ambitions

Avant mon départ à Bruxelles, j'étais l'assistant de Georges Gojat, magistrat à la Cour des Comptes, qui fut amené à participer à la négociation du projet du traité à Val Duchesse à Bruxelles. La Délégation française, présidée par Jean Donnedieu de Vabre, comportait de brillants fonctionnaires tels que Jean-François Deniau, Émile Noël et Michel Gaudet pour ne citer qu'eux.

Georges Gojat parlait parfaitement l'allemand et possédait une connaissance approfondie des questions européennes. Lorsque Louis Armand l'engagea comme chef de Cabinet à l'Euratom, Gojat me proposa à son tour de l'accompagner à Bruxelles et de devenir son adjoint. C'est ainsi que je fus amené à participer à la négociation du projet du traité à Bruxelles. J'allais passer du statut de fonctionnaire français au statut de fonctionnaire européen, ce qui correspondait tout-à-fait à mes espoirs et à mes ambitions.

C'est à la fois intimidé et plein de moi-même, comme si j'étais investi d'une mission secrète des plus importantes, que le 13 mai 1958, je posais le pied dans les locaux de l'Euratom. Je venais d'avoir 29 ans et me réjouissais secrètement d'appartenir à cette grande famille, qui avec le temps, n'allait cesser de s'élargir. J'allais faire partie de la première équipe qui allait constituer les futurs cadres de l'Euratom et du Marché Commun. Le fait même de n'avoir aucune appartenance politique, me permettait de me consacrer en toute liberté à la construction européenne.

L'Euratom était situé près de la gare du Luxembourg, au 53 de la rue Belliard. Un quartier qui commençait à devenir franchement européen, car c'est déjà au numéro 33 de la même rue que le Comité Spaak avait préparé la rédaction du traité de Rome. Le Marché Commun s'installa dans un building appelé « La Joyeuse Entrée », du nom de la rue qui borde le Parc du Cinquantenaire. C'était de bon augure ! À deux pas de là, rue de la Loi, le Berlaimont allait devenir le bâtiment des Institutions européennes. Quant au rond-point Schuman, il s'appelait tout simplement rond-point de la rue de la Loi. Ce n'était pas encore une station de métro mais un arrêt de tram vers le centre de Bruxelles. Un peu plus loin, au coin de la rue du Taciturne, une ancienne loge maçonnique allait accueillir le Conseil des ministres.

Bruxelles allait enfin pouvoir sortir de sa torpeur provinciale, d'une part, grâce à l'Exposition Universelle et Internationale qui allait s'y dérouler durant six mois cette même année, d'autre part, grâce à la naissance des premières Institutions Européennes sur son territoire.1958 fut l'époque des grands travaux urbains dans toute la capitale. Routes, ponts et immeubles surgissaient de terre un peu partout, effaçant la plupart du tracé du Bruxelles décrit par Marguerite Yourcenar dans *Archives du nord*, où l'avenue Louise et l'avenue de Tervuren servaient encore d'allées cavalières. Malheureusement, tout ce paysage romantique allait disparaître au profit de gigantesques buildings qui allaient devenir les futurs sièges de la Communauté Européenne.

Incertitudes du côté français

Louis Armand, Président de l'Euratom, est arrivé à Bruxelles au moment où l'on se demandait si le général de Gaulle appliquerait ou non le traité de l'Euratom signé un an auparavant. Entre le 13 mai et le 2 juin 1958, période d'incertitude, Couve de Murville, alors ministre des Affaires étrangères, se rendit à Bruxelles pour le premier Conseil des ministres des six États membres du Marché Commun. Il régnait à ce moment un grand climat d'incertitude et de nervosité, ne sachant pas si la France appliquerait ou non les traités de Rome car il existait bien deux traités signés à Rome en 1957 : Le traité de la Communauté Économique Européenne et le traité de l'Euratòm

Lors du premier Conseil, Couve de Murville déclara : « La France va appliquer un traité qu'elle n'a pas signé. » Cette phrase déterminera toute la future politique Européenne de la France. En effet, le général de Gaulle ne s'était rallié au traité que pour deux raisons. La première était que les avantages que ce traité consentait à l'agriculture française allait lui permettre de vendre toute sa production aux six États membres ; la deuxième, la réconciliation franco-allemande qui allait devenir à ses yeux le pivot même de la construction européenne. Trois mois après son retour au pouvoir, le général de Gaulle invitait à Colombey, en septembre 1958, le Chancelier Adenauer en vue d'établir une relation permanente et durable avec l'Allemagne. Dans ce contexte, Louis Armand comprit très vite qu'il fallait se rallier au général de Gaulle.

Implantation de l'Euratom à Bruxelles

La Commission de l'Euratom faisait appel à un personnel très qualifié d'ingénieurs nucléaires européens venus d'horizons totalement différents. L'énergie nucléaire était une nouvelle discipline qu'il fallait faire développer par de nouvelles équipes de chercheurs originaires des six pays européens. Malheureusement, Louis Armand fut obligé de démissionner au bout de six mois pour des raisons de santé. Mais il avait pu, juste auparavant, prendre le temps de se rendre à Washington pour signer l'accord « Euratom/États-Unis » qui déterminait les règles d'approvisionnement en matière fissile entre les États-Unis et l'Europe.

Entrée en scène d'Étienne Hirsch

Le successeur de Louis Armand fut Étienne Hirsch, qui avait lui-même succédé à Jean Monnet à Paris en tant que Commissaire Général au Plan. Il s'était engagé à Londres au Comité de la France Libre du général de Gaulle et avait participé à l'effort de guerre préparant le débarquement des Forces Alliées en Normandie. C'était un fervent européen qui allait donner une réelle impulsion à l'Euratom. Dès son arrivée à Bruxelles, le 6 janvier 1959, Étienne Hirsch allait s'attacher à deux objectifs particuliers :

1. Créer un Centre Commun de recherches pour l'Euratom

2. Fonder une Université Européenne, comme prévu par le traité Euratom.

Le but essentiel de l'Euratom était de faciliter la formation d'une forte industrie nucléaire européenne, et de créer une agence d'approvisionnement pour les matières fissiles, ainsi que des entreprises communautaires dans le domaine de la recherche. Les six Pays membres, en dépit du fait qu'ils venaient de signer le traité de l'Euratom dont le but était de créer un Centre Commun de Recherches (CCR), se précipitèrent pour créer leurs propres centres de recherche nucléaire, comme ceux d'Ispra, Mol, Petten et Karlsruhe. C'est à ce moment que les techniciens français du Commissariat à l'Énergie Atomique, imposèrent le développement à Ispra du réacteur français « Orgel » dont Jean Claude Leny fut le concepteur et le réalisateur. Une coopération européenne pouvait donc s'organiser.

Quant à la création d'une Université Européenne, cela a fait l'objet de négociations ardues et délicates, les universités européennes refusant de reconnaitre les diplômes délivrés par celle-ci. En effet, le diplôme de « Docteur Européen » se heurtait aux législations nationales et aux particularismes des professeurs d'université. C'est à l'occasion d'une rencontre d'Étienne Hirsch avec le Professeur Oppenheimer, aux États-Unis, que de nouvelles approches se sont développées dans son esprit. Grand scientifique, Oppenheimer portait encore l'immense responsabilité d'avoir été l'artisan de la bombe atomique lancée à Hiroshima en août 1945. C'est Oppenheimer qui fit remarquer à Étienne Hirsch que le génie de l'Europe se situait avant tout dans le domaine des sciences humaines, qu'il n'existait pas de mathématiques européennes, et donc que cette nouvelle université devait y trouver son orientation.

Les Italiens, par la voix de leur Représentant permanent de l'Italie auprès de l'Euratom et de la CEE, l'ambassadeur Cattani, proposèrent d'installer l'Université Européenne à Florence et mirent à sa disposition une villa et un terrain à Fiesole. Des négociations se déroulèrent durant tout l'hiver 1959-1960 aux « Municipios » de Florence. Emilio Colombo, ministre des Affaires étrangères d'Italie et Georgio La Pira, maire de Florence, participèrent activement à ces négociations. Mais comme il y a toujours un « mais », le général de Gaulle, de son côté, avait mis au point le « projet Fouchet » qui prévoyait que le Culturel, tout comme la Défense, relèverait du domaine intergouvernemental et non du domaine communautaire ; de ce fait, Couve de Murville s'opposa à l'instauration d'une université européenne. Toutes ces interventions négatives n'étaient pas faites pour rendre la France sympathique aux yeux des autres participants.

Étienne Hirsch fut extrêmement déçu de la position française qui rendit ses rapports avec Paris de plus en plus difficiles. C'était un homme d'une intégrité totale dont les convictions européennes étaient très profondes. Familier de Jean Monnet, auquel il avait succédé au ministère du Plan, il est toujours resté fidèle à ses principes. Le Plan fut, après la libération, la première occasion de rencontres entre syndicalistes, chefs d'entreprise et fonctionnaires du ministère des Finances. Hirsch souhaitait transposer cette méthode à l'échelle de l'Euratom. Son expérience précédente l'avait habitué à rassembler autour de lui des spécialistes dans tous les domaines : chefs d'entreprises, hauts fonctionnaires, ingénieurs, etc., chaque fois qu'il s'agissait d'entreprendre une tâche précise, Dans ce but, il fit installer près de son bureau, une salle à manger lui permettant d'inviter certains d'entre eux, les vendredis, au dîner du sabbat. Toute sa famille, y compris Jules Guéron son beau-frère, y était souvent réunie. Hirsch, bien que non pratiquant, était respectueux de la tradition juive et dînait revêtu d'un châle de prières. La conversation autour de la table, favorisait les joutes intellectuelles les plus passionnantes. Je me souviens de sujets tels que la correspondance de Voltaire et de Newton ou l'ouvrage d'Alexis de Tocqueville sur la démocratie en Amérique.

Un jour, alors que je participais à un de ces diners, une des filles d'Étienne Hirsch, docteur en médecine, surprit toute l'assistance en proposant aux invités de les vacciner contre la grippe, ce qui en 1959 était encore très rare. À un des interlocuteurs présent qui lui posa la question de savoir si oui ou non il était nécessaire de se faire vacciner, elle eut cette réponse étonnante : « De nos jours, il n'est pas rationnel d'avoir la grippe ! »

Entrée en scène d'un personnage insolite

Autant Étienne Hirsch était un adepte des idées philosophiques du XVIIIe siècle, sur le triomphe de la raison, autant Enrico Medi, vice-président italien de la Commission, était une personnalité profondément mystique. Conseiller scientifique du Pape Paul VI, il habitait Piazza San Sylvestro à Rome et disposait d'une chapelle où était exposé le Saint Sacrement en permanence, par privilège du Saint Père. Chaque fois que Hirsch venait le voir, Medi l'obligeait, à sa grande surprise, à s'agenouiller devant l'autel, ce qui était totalement insolite.

Alors que je l'accompagnais un jour à Paris à l'hôtel Crillon, il demanda au portier s'il existait une église abritant les reliques d'un saint. Le portier nous indiqua l'Église Sainte Geneviève à Saint-Étienne du Mont, où la Sainte patronne de Paris était enterrée. Il voulut absolument s'y rendre dès le lendemain et me demanda de l'accompagner. Après avoir assisté à la messe, il se retira près du tombeau devant lequel il se recueillit durant environ une heure, me laissant seul et perplexe.

À la sortie de l'église, nous nous sommes rendus dans un magasin de jouets scientifiques boulevard Sébastopol, et nous en sommes sortis les bras chargés de périscopes et autres modules du même genre. Ce personnage hors du commun, n'avait pas fini de nous étonner.

Medi portait un pendule en permanence sur lui et, à notre plus grande stupéfaction, nous avons découvert que c'est à l'aide de ce pendule qu'il avait déterminé l'endroit où devait se situer le futur Centre de Recherches. En le maniant au-dessus d'une carte de l'Europe, le pendule s'était arrêté sur la ville de Grenoble, pas très loin d'Ispra où allait être définitivement implanté le siège du Centre.

Lorsqu'il rencontra pour la première fois Louis Armand, il lui annonça tout de go, qu'il avait six filles et sans plus attendre, énuméra leurs noms : France, Allemagne, Italie, Belgique, Hollande, Luxembourg. Ce à quoi Louis Armand répondit, moitié amusé moitié incrédule : « On peut dire que vous ne manquez pas d'humour ! »

Les exigences de chacun

Heinz Krekeler, qui avait été ambassadeur de la République Fédérale à Washington, était très sensible aux questions de protocole. Le premier télégramme qu'il envoya à Louis Armand l'informait qu'il acceptait volontiers sa nomination, à condition d'avoir une Mercedes avec appui-tête à sa disposition. Ayant été prisonnier des américains, il tenait à bénéficier de tous les privilèges d'un État Souverain. Il racontait une anecdote très significative sur les débuts de la République Fédérale d'Allemagne. Le Chancelier Adenauer avait l'habitude de rendre visite à Bonn à l'ambassadeur de France, François Poncet, dans sa résidence de Petersberg. Celui-ci voulut lui rendre la politesse en visitant le Chancelier dans sa résidence à Bonn. À partir de ce moment, le Chancelier considéra que la souveraineté de la République Fédérale était officiellement reconnue par les ambassadeurs.

Le Président Hallstein, comme Heinz Krekeler, attachait beaucoup d'importance aux règles protocolaires, car il était convaincu que la Communauté s'affirmerait par ce genre de détails. Lors de sa première visite à Washington où il était logé à Blair House, il demanda que l'on plante des poteaux avec les six drapeaux des États membres de la CEE. À ce moment là, l'Europe n'avait pas encore son drapeau bleu étoilé et ce fut à Washington une très grande surprise de découvrir, à travers ce geste, la naissance de la nouvelle Communauté Européenne. En outre, celui-ci exigea d'avoir un fauteuil surélevé par rapport à ses collègues, pour bien marquer la prééminence du Président. Certains prétendent même qu'il s'ingéniait à doubler, avec sa Mercedes, la DS de Couve de Murville et qu'une telle provocation avait été partiellement une des causes de la « crise de la chaise vide » française, ce qui était sans doute exagéré. La France, en effet, était simplement opposée à ce que le

Parlement Européen puisse contrôler les ressources propres de la Communauté, autrement dit le financement de la politique agricole commune.

Les décideurs des six pays membres

Le Comité des six Ambassadeurs des États membres, qui siégea d'abord à Val Duchesse puis au Ravenstein, était composé de fortes personnalités dont des Représentants Permanents français de tout premier ordre, tels l'ambassadeur Éric de Carbonnel et l'ambassadeur Philippe Boegner, tous deux de confession protestante, comme l'était d'ailleurs Couve de Murville.

Leurs comportements respectifs, se caractérisaient par la même retenue et la même sobriété. Philippe Boegner était le fils du Président de l'Église Réformée de France, qui avait réussi, durant la guerre, à sauver de nombreux juifs des camps de concentration en les abritant auprès de familles amies. Il avait fait ses débuts comme attaché d'ambassade à Berlin à la veille de la guerre et s'était très vite rallié en 1940 au général de Gaulle. Très cultivé et musicologue averti, il avait la confiance du général. Après la mort de celui-ci, il entretint une correspondance suivie avec Madame de Gaulle, dont il me montra certaines lettres très émouvantes.

Philippe Boegner eut un rôle très important dans la crise de la « chaise vide » en 1963. Le gouvernement français avait décidé de le rappeler à Paris et de nommer le ministre-conseiller Maurice Ulrich à sa place. Ceci au moment même où Couve de Murville manifestait son désaccord sur le financement de la politique agricole par des ressources propres, ainsi que sur l'extension des pouvoirs de l'Assemblée Parlementaire Européenne. Cette crise dite de la « chaise vide » fut extrêmement grave pour les Institutions Communautaires. Les français refusèrent de siéger à Bruxelles pendant six mois, contrairement aux cinq autres États membre, décidés envers et contre tout à prouver la permanence de l'Institution.

En 1963, après la guerre d'Algérie, le général de Gaulle pensait quitter l'OTAN et probablement la Communauté Européenne. Une étude commandée par Georges Pompidou au Commissariat du Plan démontrait que la France avait tout à perdre en quittant le Marché Commun, étant donné qu'elle ne bénéficierait plus des avantages de la Politique Agricole Commune. Les Italiens en la personne de leur ministre des Affaires étrangères Colombo, jouèrent un rôle important en tant que médiateurs. Emilio Colombo était un ascète qui habitait un couvent à Rome. Il rencontra Couve de Murville à l'occasion des obsèques du Pape Jean XXIII en décembre 1962 après avoir mis au point un compromis qui allait être approuvé au Luxembourg en janvier 1963. Ce compromis portait sur le système de vote au Conseil des ministres. Il était convenu que lorsqu'il s'agissait de l'intérêt vital d'un des États membre, on aurait recours au vote à l'unanimité et non à la majorité qualifiée. Ce compromis existe encore, puisque la Constitution Européenne qui prévoyait le recours à la majorité qualifiée, a été repoussé par les deux derniers référendums français et hollandais.

Le Comité des Représentants Permanents comprenait aussi d'autres personnalités dont l'ambassadeur d'Allemagne Ophuls confident du ministre des Affaires économiques Allemandes : Erhard, défenseur de la *Social Marktwirtschaft* qui redonna confiance dans le mark.

L'ambassadeur Ophuls, chevelure au vent, avait beau afficher son noble profil de pianiste, il se trouvait souvent en difficulté à cause du désaccord qui existait entre le Chancelier Adenauer et le Professeur Erhard, que le Chancelier refusait d'associer aux décisions de Bruxelles, considérant que celui-ci n'accepterait pas les règles trop peu libérales du traité. En séance, le Chancelier, à la stupéfaction générale, donna même des coups de règle sur les doigts du Professeur Erhard comme s'il s'agissait d'un mauvais élève.

La Belgique était représentée par l'ambassadeur van der Meulen, connaisseur averti du traité. Celui-ci se rendait à son bureau à cinq heures du matin, pour essayer d'harmoniser les positions des différents services publics belges en vue de l'implantation du Marché Commun à Bruxelles. Van der Meulen a été longtemps la mémoire du traité de Rome, mais bien sûr, celui qui en a été l'inspirateur et reste une figure majeure de l'histoire de l'Europe fut sans conteste Jean Monnet

Jean Monnet, un électron libre

Jean Monnet est né à Cognac, en 1888, où il a entrepris de faire des études secondaires mais, fait surprenant quand on connait la suite de sa carrière, il n'avait même pas réussi à obtenir la première partie de son Bac. Son père, maître de chais chez Hennessy, l'avait impliqué très tôt dans le commerce du cognac. Ce commerce florissant à l'époque, lui avait permis de parcourir le monde dès l'âge de 20 ans. Il n'avait jamais oublié le conseil que lui avait donné Viviani, Président du Conseil au début de la guerre, d'entreprendre une carrière internationale.

Après la guerre, il fut engagé comme fonctionnaire au Secrétariat Général de la Sociétés des Nations où il occupa différents postes importants. En 1937, Jean Monnet partit pour Shanghai et en profita pour épouser, à une étape du Transsibérien à Moscou, une Italo-Turque. Il passa deux ans en Chine où il noua des contacts étroits avec monsieur Zhou, beau-frère de Tchang Kaï-chek et ministre-conseiller au gouvernement du Kuomintang, en rapport avec les placements financiers aux États-Unis.

En 1940, il fut désigné, par le Cabinet Raymond Raynaud, comme chef de la mission d'armements à Londres, où il rencontra le général de Gaulle et finalement préféra se rendre à Washington pendant la guerre et travailler, pour le compte du Président Roosevelt, sur les accords du Plan d'Aide Mutuelle. Ces accords prévoyaient l'aide que les États-Unis fourniraient aux alliés dans le domaine de l'armement, aide qui devait notamment servir au débarquement en Normandie.

En mars 1943, Monnet rejoignit à Alger le général Giraud et devint membre du Comité de Libération Nationale, après que le général de Gaulle en eut pris la direction. Il y avait à ce moment, à Alger, le clan des Giraudistes et le clan des Gaullistes. Jean Monnet, qui faisait partie du premier clan, devint progressivement membre du second. Lorsqu'il rentra à Paris, le général de Gaulle le nomma Commissaire au Plan. Il s'installa au 18 de la rue de Martignac et s'entoura de collaborateurs éminents tels que Pierre Uri, Paul Delouvrier, Robert Marjolin qui avait déjà travaillé avec lui à Washington, van Helmont, Étienne Hirsch, Jacques-René Rabier, André Fontaine, Michel Gaudet et bien d'autres encore. C'est dans cet Hôtel Particulier que fut élaboré en 1950, le projet de déclaration de Robert Schuman qui prévoyait, déjà, la création de la « Communauté Européenne du Charbon et de l'Acier » : la CECA

Jean Monnet avait un don particulier, celui de rassembler des hommes différents sur un même projet. Il disposait à cet effet d'un formidable carnet d'adresses qui lui permettait d'appeler n'importe qui à n'importe quelle heure du jour ou de la nuit, des personnalités de tout premier plan, telles que le Chancelier Adenauer ou Winston Churchill. Il entretenait une relation étroite avec les américains qu'il avait bien connus pendant la guerre et c'est Robert Marjolin, Secrétaire Général de l'OCDE qui fut chargé de la mise au point de l'Aide Marshall et établissait le lien avec Washington.

Une étrange relation : de Gaulle - Monnet

Avec le général de Gaulle, Jean Monnet entretenait des relations à la fois amicales et conflictuelles. C'est sans doute cette situation qui le priva du titre de Chevalier de la Légion d'Honneur, ce dont il ne souffrit absolument pas, ayant toujours déclaré : « Une décoration ne se demande pas, ne se refuse pas et ne se porte pas. » C'était un homme modeste qui me dit un jour : « Je suis prêt, malgré mon âge, à aller voir Giscard d'Estaing. » Giscard était alors un tout jeune ministre des Finances. « Si on veut réussir une affaire, il faut s'asseoir sur son amour propre. »

Je me souviens d'un déjeuner où il avait invité Robert Kennedy qui lui avait fait part de ses craintes d'être assassiné par la mafia américaine. Il y avait un contraste saisissant entre ce jeune américain éclatant de force et de santé et ce vieux sage européen qu'était Jean Monnet. Malheureusement, l'avenir donna raison à Robert Kennedy.

La dernière fois que je vis Jean Monnet, c'était peu de temps avant sa mort. Nous dînions au 83 de l'avenue Foch. À la fin du dîner, il me raccompagna jusqu'au rez-de-chaussée et à mon plus grand étonnement me déclara avec tristesse : « Duchâteau, il n'est plus nécessaire de me téléphoner, dans 3 mois, je ne serais plus de ce monde ! » Ce moment d'émotion traduit bien la dévotion de Jean Monnet à la cause européenne et sa tristesse de quitter une œuvre inachevée.

Un homme « clé » Paul-Henri Spaak

Si Jean Monnet a été l'inspirateur de l'Europe, on peut dire que Paul-Henri Spaak en a été le concepteur. Cet homme politique belge de grande qualité, avait des dons d'éloquence exceptionnels. Son sens de l'improvisation était étonnant. Un soir au cours d'un dîner, un interlocuteur lui demanda de parler de « la mort du poète ». Sans la moindre hésitation, il décrivit comme s'il l'avait vécu, l'agonie de Baudelaire après sa crise d'apoplexie dans une église de Namur. Son récit parvint à arracher des larmes à toute l'assistance. C'est lui qui, jeune député au parlement, commença son premier discours en ces termes : « Maman, Mesdames, Messieurs… » Sa mère, Madame Jansson, siégea longtemps au Sénat et Spaak avait hérité d'elle son talent de négociateur. Spaak était avant tout un parlementaire formé à la culture du consensus, qui caractérise le compromis permanent de la vie politique belge, tiraillée entre ses deux communautés flamande et wallonne. Il n'avait aucune peine à formuler des compromis au niveau de l'Europe. Il avait connu toutes les difficultés de l'exode en 1940, notamment le départ à Londres avec le gouvernement Pirlot. La question royale l'a depuis lors beaucoup affecté, jusqu'au retour difficile du roi Léopold III et sa renonciation au trône en faveur de son fils.

Il disait souvent : j'apprends tous les matins au roi Baudouin, l'histoire de la Belgique. Celle de L'Europe va lui donner l'occasion de rentrer dans une nouvelle dimension. Spaak avait parfaitement compris qu'après l'échec de la CED (Communauté Européenne de Défense) en 1955, il était nécessaire de favoriser une relance européenne. C'est là que l'idée déjà développée à l'OCDE par Robert Marjolin de profiter d'une amélioration de la situation économique européenne se fit jour.

CHAPITRE II

Vivre l'Europe

Les deux traités fondateurs

La Conférence de Messine, fut l'occasion d'un premier schéma du futur. Jean Monnet, échaudé par l'échec dans le domaine de la Défense, considérait qu'un traité regroupant les 6 pays membres, à l'image de ce qui s'était déjà fait dans la CECA, s'avérait indispensable. C'est ce qui a été conclu à Messine. La rédaction de ce traité fut confiée à Paul-Henri Spaak et à son équipe. Celle-ci s'installa au 37 de la rue Belliard et se mit au travail. Spaak voulait avant tout une rédaction simple et claire. À Couve de Murville qui lui proposait une formule du traité beaucoup trop sophistiquée, il déclara : « Ce texte est impossible, je devrais passer trop de temps à l'expliquer à ma femme de ménage ! » Spaak acheva son projet qui fut finalement ratifié par les parlements nationaux. C'est ainsi qu'il prit part à la mise en place des premières Institutions Européennes et termina sa carrière comme Secrétaire Général de l'OTAN. On pourrait se demander pourquoi l'OTAN plutôt que le Marché Commun dont il avait été un des piliers ? La raison fut que le Chancelier Adenauer avait exigé que ce soit son collaborateur Walter Hallstein qui soit nommé président de la Commission du Marché Commun. Je pense que le poids économique de l'Allemagne à cette époque avait obligé Spaak à s'effacer.

Ébauches successives de la Communauté Européenne

Avant la guerre 1939-1945, plusieurs projets de Fédérations Européennes avaient été échafaudés, Aristide Briand avait sollicité Stresemann, ministre des Affaires étrangères de la République de Weimar, en vue d'établir un projet franco-allemand de Confédération Européenne. Le développement du nazisme et la guerre de 1939 devaient enterrer cet espoir.

La Seconde Guerre mondiale fut une guerre nationaliste sur laquelle Hitler développa une idéologie raciste. C'est dans le cadre de l'OCDE et surtout après la mise en place du Plan Marshal que l'idée Européenne refit surface. La création de la Haute Autorité du Charbon et de l'Acier en fut la première manifestation.

Deux thèses s'affrontaient : la thèse soutenue par Robert Marjolin qui épousait, dans l'ensemble, la conception du gouvernement français de l'époque : créer une Union Économique qui à terme, déboucherait sur une Union politique. La seconde thèse défendue par les anglais, spécialement par Maudling, consistait à développer entre les pays concernés, une zone de libre échange purement commerciale. En effet, l'Angleterre se refusait à perdre le moindre élément de souveraineté, celle ci étant garantie par le Parlement de Westminster. Cette divergence occasionna de nombreux débats. Le fossé entre ces deux thèses n'a jamais été réellement comblé, le Royaume-Uni ayant notamment, et jusqu'à aujourd'hui, refusé d'adhérer à l'Euro

L'Euro n'avait pas été mentionné dans le traité de Rome. Jean Monnet disait : « Les questions monétaires et les problèmes de défense portent la poisse. » Ce n'est que plus tard, dans les années 1971-1972 que Raymond Barre devait mettre au point, avec Valéry Giscard d'Estaing, le système du serpent monétaire et de la future Union Économique et Monétaire. Le Marché Commun consistait en fait à créer une Union Économique et Commerciale entre pays européens. Dans le domaine commercial, les six pays s'engageaient à promouvoir une réduction des droits de douane par palier, pour aboutir à un tarif douanier commun de l'ordre de 3 %.

De ce fait, la Commission devenait l'interlocuteur obligé de cette négociation qui eut lieu par étapes. Au GATT, à Genève. Il y eut plusieurs affrontements célèbres avec les États-Unis.

Le Kennedy Round

La négociation dite du Kennedy Round entraîna une première réduction des tarifs agricoles. À ce sujet, je me souviens qu'étant à Washington avec Jean Rey et Jean-François Deniau, nous avions eu un entretien très serré avec le Président Johnson et le Secrétaire d'État au Trésor, William Fowler, qui menaçait les européens de retirer les troupes américaines d'Allemagne s'ils ne consentaient pas à une baisse des subventions agricoles. Finalement, le Président Johnson plaida en faveur des européens.

La France devait jouer un rôle moteur dans la construction européenne. Il faut noter que le traité de Rome fut rédigé en français, c'était le premier document diplomatique en langue française depuis la guerre. En effet, le traité de Versailles avait été rédigé en anglais. Les juristes conseils du Quai d'Orsay, comme Georges Vedel, furent des rédacteurs d'une grande compétence.

En 1958, tout le monde parlait le français à Bruxelles, tant à la Commission de l'Euratom qu'à celle du Marché Commun. Walter

Hallstein s'exprimait souvent en allemand mais faisait confiance au français pour l'interprétation des textes. Sicco Mansholt, artisan de la politique agricole commune, qui ne connaissait pas le français en arrivant à Bruxelles, l'apprit en un an et put ainsi débattre avec Edouard Pisani dans cette langue. Il y eut notamment de nombreux marathons nocturnes des Conseils des ministres qui fixèrent les règles de la politique agricole, et le prix annuel des céréales ; marathons qui se déroulèrent totalement en français.

On avait souvent recours dans ces débats à une procédure dite de « l'arrêt de l'horloge ». L'on suspendait l'horloge formelle à minuit, tandis que les débats continuaient à se dérouler officieusement. La Commission fut obligée de créer très rapidement, un service d'interprétation et de traduction de grande ampleur. Tous les règlements agricoles devaient être notifiés à l'époque dans les quatre langues des États membre, à toutes les Cours de justice des six pays. Un gigantesque service de traduction fut mis sur pied. Le personnel linguiste de la Commission était de toute première qualité, supérieur même à celui des Nations Unies.

Hésitations de la France face à l'idée européenne

L'idée européenne en France avait de chauds partisans. Le MRP (Mouvement Républicains Populaire), en la personne de Maurice Schumann, ancien porte-parole du général de Gaulle à Londres, en était un exemple. Antoine Pinay permit à la France d'entrer dans le Marché Commun grâce à des mesures de redressement économique et à une dévaluation du franc. Pierre Mendès France avait déclaré à l'Assemblée Nationale, lors du débat sur la ratification des traités, que l'économie française n'était pas en mesure d'appliquer le traité du Marché Commun. Il est vrai qu'à l'époque, la France comptait quatre millions de paysans (contre 700 000 aujourd'hui) propriétaires de petites exploitations, et Mendès craignait que l'agriculture française ne puisse effectuer les efforts de modernisation nécessaires pour vendre leurs productions à des conditions avantageuses. En outre, il redoutait la concurrence des entreprises allemandes dans le domaine industriel qui, dans son esprit, ne manqueraient pas de remporter tous les marchés de l'Europe des six.

Ces prédictions s'avérèrent fausses par la suite car, finalement, le solde final se révéla positif pour l'économie française grâce au Marché Commun et aussi, il faut le dire, grâce aux « 30 glorieuses » (les 30 années d'une France sans déficit).

« Les 30 glorieuses »

Ce fut la période où la France modernisa ses logements, construisit des autoroutes, installa le téléphone et améliora ses transports. Cet effort se poursuivit durant toute la période Georges Pompidou. Il faut souligner que la France envoya à Bruxelles, de brillants hauts fonctionnaires, comme Fançois-Xavier Ortoli, Robert Marjolin, Jean-François Deniau et Michel Gaudet. Ce sont eux qui allaient former les cadres de la future organisation européenne. François Xavier Ortoli fut le tout jeune Directeur Général du Marché Intérieur, Jean-François Deniau prit, à 28 ans, la direction des négociations avec l'Angleterre, Robert Marjolin a été le premier vice-président de la Commission, quant à Michel Gaudet, il assurait la direction générale du service juridique, c'est notamment lui qui permit d'établir la suprématie du droit communautaire sur les droits nationaux.

La Cour de Justice du Luxembourg, composée de juristes de grande qualité, développa toute une jurisprudence à l'égard des infractions au traité qui fit autorité dans les capitales européennes. Il fallait que l'Europe puisse se consolider tant par le droit que par l'économie.

L'idée européenne en Allemagne

En Allemagne, l'idée européenne ne faisait pas objet de débat comme en France. L'Allemagne était tout à fait consciente de l'autorité qu'elle retrouverait grâce au Marché Commun, et qui lui permettrait, à long terme, de réussir sa réunification (problème très difficile entre tous, voir impossible, tant que les soviétiques occupaient l'Allemagne de l'Est).

Un protocole spécial fut préparé à cet égard en 1957 spécifiant que le traité du Marché Commun ne concernait que l'Allemagne de l'Ouest. Très vite, l'économie allemande, réalisa des performances économiques prodigieuses, que l'Allemagne de l'Est était à des lieues de suivre. Les allemands, par ailleurs, eurent l'habileté de préserver leurs relations particulières avec les États-Unis. La présence des troupes américaines en Allemagne et le statut quadripartite de Berlin étaient des garanties pour leur pays. Cette situation permit à l'Allemagne de se consacrer totalement au développement de son économie, sans avoir le souci de perdre sa sécurité.

Les Chanceliers Adenauer, Erhard et Kissinger ont maintenu l'orientation pro-américaine du Parti chrétien démocrate qui était majoritaire à l'époque. Avec l'arrivée du Chancelier Brandt, qui inaugura *l'OstPolitik* et favorisa le rapprochement avec l'Est, la « Social démocratie » affirma son autorité dans les négociations internationales.

Willy Brandt, qui avait passé une partie de la guerre en Suède où il s'était réfugié, favorisa un rapprochement avec les scandinaves, rapprochement qui devait ultérieurement aboutir à l'adhésion du Danemark et de la Suède. La Norvège pour sa part, ayant rejeté par voie de référendum l'adhésion au Marché Commun, trouva dans ses ressources pétrolières l'assurance de revenus confortables.

Vision britannique de la CEE

La question des rapports avec la Grande Bretagne se posa très rapidement et sa participation économique à la construction européenne finit par s'imposer. Les anglais avaient des appuis solides en la personne du ministre des Affaires étrangères hollandais, Joseph Luns ainsi que le ministre des Affaires étrangères allemand Schroeder qui était un actif partisan de son entrée dans le Marché Commun. Le Premier ministre Britannique était un conservateur d'origine écossaise et Edouard Heath, ministre des Affaires étrangères de Grande Bretagne, militaient activement en faveur de l'ouverture des négociations en vue de l'adhésion. Celles ci débutèrent en 1963. Très rapidement se posa le problème de la préférence impériale qui consistait à ce que l'Angleterre bénéficie d'avantages spécifiques sur tous les produits du Commonwealth, ce qui était totalement discriminatif par rapport aux produits des pays du Marché Commun.

Le Commonwealth qui formait encore un ensemble de pays importants tels que l'Inde, l'Australie, la Nouvelle Zélande et le Canada, représentait une zone commerciale infranchissable pour la clientèle du Marché Commun. Il est clair que le beurre néo-zélandais et le bacon canadien se vendaient mieux sur le marché britannique que le beurre de Normandie ou le fromage néerlandais mais, en dehors de ces problèmes de boutique, il existait des relations traditionnelles d'amitié scellées par la deuxième guerre mondiale entre la Grande Bretagne et les États-Unis. Winston Churchill avait bien fait un appel à l'unification de l'Europe en 1946 à Zurich, mais sa préférence allait vers ce qu'il appelait « les relations avec le grand large » c'est-à-dire les États-Unis, notamment dans le domaine nucléaire. Les négociations butèrent rapidement sur ce problème et le général de Gaulle ne manqua pas de rappeler que l'Angleterre, si elle entrait dans le Marché Commun, y représenterait le « cheval de Troie des États-Unis ».

Une conférence à Nassau aux Bahamas, entre le général Eisenhower et le Premier ministre Macmillan provoqua la colère du général de Gaulle car, dans cette conférence, les États-Unis s'engageaient à soutenir le développement de la force nucléaire britannique. De Gaulle considérait que cela se ferait au détriment de la force de dissuasion française. Furieux, il provoqua une conférence de presse en octobre 1963 et demanda l'interruption immédiate des négociations.

« Ne pleurez pas, Milord ! »

À la dernière séance avec les britanniques, à la rue des Quatre Bras, dans la salle du ministère belge des Affaires étrangères, à laquelle j'assistais, Couve de Murville demanda formellement l'interruption des négociations. Paul-Henri Spaak essaya de négocier une date de reprise des pourparlers sans y parvenir. L'atmosphère était des plus lourdes. Edouard Heath était au bord des larmes, toute la salle en était remuée. Quand la séance se termina, Spaak empoigna Couve de Murville et Edouard Heath par les bras et leur dit : Messieurs, ceci n'est pas une guerre, c'est juste un armistice, serrez-vous donc les mains » Par la suite Edith Piaf devait immortaliser cette rencontre par sa célèbre chanson : « Ne pleurez pas Milord ».

Départ d'Étienne Hirsch et fin d'une époque

Pendant toute cette période, l'Euratom continuait de développer ses activités tandis qu'Étienne Hirsch commençait à avoir de sérieuses difficultés avec le gouvernement français. Les dispositions du traité de l'Euratom prévoyait une agence d'approvisionnement dans le domaine des matières fissiles destinées aux pays européens avec un contrôle de sécurité des plus sérieux, mais le gouvernement français montraient des réticences à autoriser les inspecteurs de l'Euratom à pénétrer dans les Centres de Recherche tels que Sarclay et Cadarache et pour cause, car dans ces Centres avait été mise au point la future bombe nucléaire expérimentale, qui devait exploser par la suite en Algérie en 1963.

Le renouvellement d'Étienne Hirsch comme Président de la Commission devait se dérouler fin novembre 1962. Le général de Gaulle le convoqua l'Elysée et l'accueillit en ces termes : « Je veux que vous sachiez que ce n'est plus Jean Monnet qui commande, mais que c'est moi. » Hirsch n'eut pas d'autre choix que d'accepter les dispositions concernant le contrôle de sécurité de l'Euratom, sous peine de démissionner. C'est ce qu'il décida de faire, désirant sauvegarder le contrôle de l'Euratom. Ce fut une crise politique importante. Il fit un discours d'adieu à l'Assemblée Parlementaire. Discours qui recueillit l'unanimité ainsi qu'une « standing ovation » de la part des parlementaires présents, à l'exception, de Pierre Olivier Lapie, ancien ministre de l'Éducation nationale du général de Gaulle, qui resta assis. Étienne Hirsch quitta l'Euratom à 61 ans, avec le pénible sentiment de laisser sa tâche inachevée. À sa place, le général de Gaulle désigna Pierre Chatenet, ancien ministre de l'Intérieur, qui fut obligé de suspendre le contrôle de l'Euratom mais fit preuve d'une grande habileté pour que ne soient pas totalement supprimées les activités de l'Institution. En dépit de ses efforts, l'Euratom perdit progressivement son indépendance. On s'orienta alors vers la fusion des exécutifs et c'est ainsi que la Communauté Économique Européenne (CEE) absorba finalement, en 1967, les tâches de l'Euratom.

CHAPITRE III

Apprendre l'Europe

Deux nouveaux champs d'activité : la politique agricole et la concurrence

La grande réussite du Marché Commun fut l'établissement de la politique agricole commune. La fixation d'un prix unique commun pour tous les produits agricoles fut acquise après de longs débats. Il est clair que les grandes entreprises agricoles, notamment celles du Nord de la France ou du Sud de la Bavière, profitèrent largement de cette politique, tandis que les petites et moyennes entreprises agricoles eurent plus de difficultés. La modernisation du matériel grâce aux subventions de Bruxelles commençait à porter ses fruits. La fixation des prix agricoles donnait lieu, chaque année, à un débat difficile. Les paysans mécontents n'hésitant pas, en pleine séance du Conseil des ministres, à faire entrer une vache en signe de protestation. Cela provoquait bien sûr l'hilarité générale mais ne réglait pas pour autant le fond du problème. La politique agricole toujours contestée, fut finalement un succès. Mansholt, dont la vice-présidence avait été très efficace, réussit à s'imposer et devint Président intérimaire jusqu'à l'arrivée de Jean Rey.

C'est von der Groeben qui mit en place les premières règles d'une politique de concurrence qui entraîna une lutte efficace contre les grands monopoles. Cette politique eut le soutien de la Cour de Justice Européenne et toute une jurisprudence fut mise au point pour éviter une trop grosse concentration des entreprises. Le marché de l'acier, celui des automobiles, des transports aériens ainsi que tout le secteur de la métallurgie et du bâtiment furent développés. Bruxelles commençait à être redoutée par les industriels hostiles aux règles du marché.

La Commission s'attela à un programme social important, créant ainsi un modèle social européen. Le problème du chômage n'existait pas encore, ce n'est qu'à partir des années 1975-1980, que celui-ci prit une acuité particulière en Europe. Ce fut une chance pour le Marché Commun de démarrer à une période où le plein emploi existait encore.

Walter Hallstein quitta la Commission et c'est Jean Rey qui en prit la présidence. Ancien ministre belge, Jean Rey avait toutes les qualités d'un parlementaire mais, à la différence de Hallstein qui exerça un pouvoir réellement présidentiel, Rey développa un système beaucoup plus collégial de la Commission. Véritable *primus inter pares* consultant ses collègues à chaque reprise de la négociation ainsi qu'au moment crucial de la prise de décision.

Il avait été Interné par les allemands dans un camp de prisonniers en tant qu'officier de l'armée belge, bien que sa famille soit d'origine suisse. De confession calviniste, il participait souvent le dimanche au culte du temple protestant de Liège, où il jouait de l'orgue. C'est à lui que la Commission doit d'avoir pris une certaine autorité morale. Avec Jean Rey, de nouveaux membres furent nommés à la Commission. Pour la France, Raymond Barre et Jean-François Deniau, pour l'Allemagne, Dahrendorf, pour l'Italie, Colonna di Paliano, pour la Belgique, Alfred Coppé, pour le Luxembourg, Albert Borschette professeur d'économie politique de grande qualité et enfin pour les Pays-Bas, Mansholt restait en place.

Raymond Barre : redresseur d'économie

Raymond Barre, né à la Réunion en 1924, avait été directeur du Cabinet de Jeanneney, ministre de l'Économie du général de Gaulle. C'était surtout un monétariste, partisan des théories de Milton Friedman et de Keynes. Il donna une réelle impulsion au projet d'unification monétaire européenne. Il avait l'oreille du général de Gaulle qui le consulta en mai 1968 sur la manière de redresser l'économie française. Pour combler le déficit qu'avaient entraîné les évènements de Mai 68, Barre proposa une dévaluation du franc.

Raymond Barre était un sage. Il savait motiver ses alliés et avait l'oreille des gouverneurs des banques centrales européennes et du Président de la Réserve Fédérale américaine : Alan Greenspan. Il commença par proposer à ses différents collègues l'idée d'une monnaie commune : « l'Euro ». Je me souviens qu'il élabora ce projet dans le plus grand secret, en distribuant à ses collègues une copie écrite au crayon. À la fin de la séance, comme un professeur de classe, il ramassait les copies. C'était la première fois, en 1973, qu'on parlait de l'Euro. Par ailleurs, Valery Giscard d'Estaing qui devint Président en 1974, avait mis au point, en liaison avec Raymond Barre, un projet visant à développer cette initiative qu'il communiqua au Chancelier Schmidt. Giscard et Schmidt furent, eux aussi, les parrains de l'Euro, mais il était clair que l'Euro ne pourrait réussir sans l'appui d'un solide marché intérieur. Ce sera beaucoup plus tard l'œuvre de Jacques Delors.

Jacques Delors

Avec Jacques Delors, j'ai toujours eu les meilleures relations qui soient. Il m'a toujours conseillé et suivi avec le sérieux et l'attention qui le caractérise, notamment durant la période où j'occupais les fonctions d'ambassadeur de l'Union européenne en Chine. Le mandat de Delors en tant que Président de la Commission européenne va durer 10 ans, de janvier 1985 à décembre 1994. Il sera de loin le plus influent et le plus marquant des titulaires à ce poste. C'est sous son mandat qu'ont eu lieu l'élargissement de l'Europe communautaire, l'adoption de l'Acte unique européen, la réforme de la politique agricole commune (PAC), la signature des accords de Schengen (1985) et du traité de Maastricht (1992). Artisan d'un renforcement de l'exécutif européen, Delors a représenté la Communauté Européenne à la manière d'un chef d'État, lors des grands sommets internationaux (réunions du G7 et de l'Organisation de coopération et de développement économique, etc.).

C'est lui qui est l'instigateur du livre blanc de la Commission recommandant la création d'un grand marché européen régulé par la mise en place de solidarités nouvelles. Ce livre blanc débouche sur la signature de l'Acte unique en février 1986, qu'il appelle « mon traité favori ». Lors de ma nomination en tant qu'ambassadeur de l'Union européenne en 1988 et durant tout mon poste en Chine, j'ai toujours pu compter sur le soutien de Delors.

Naissance d'un service de Presse : CEE/Media

La mise en place des nombreux projets européens ont entraîné la création d'un Service de Presse et d'Information capable de relayer auprès de l'opinion publique, les décisions prises à Bruxelles. Tous les jours un briefing était organisé par le porte-parole de la Commission : Benjamin Olivi. La presse anglo-saxonne était la plus organisée. Un quotidien comme le *Herald Tribune*, avait très vite acquit une compétence sur l'Europe dans le domaine de la politique internationale. Jean Monnet avait eu, lui, une certaine tendance au secret et à la confidentialité. Voilà pourquoi la Commission, qui a bien senti qu'elle n'était pas toujours en mesure d'expliciter clairement les objectifs de sa politique et de démontrer les avantages que pouvait amener telle ou telle autre décision au niveau Européen, a transformé ses activités d'information. Parallèlement, la Commission développa un secteur « Foires et Expositions » dans le monde entier qui s'avéra être un succès. Tous ces développements ont eu une influence indéniable sur la métropole belge qui, par la force des choses, allait se mondialiser.

Les Bruxellois face aux Eurocrates

Les Institutions Européennes avaient incité de nombreux fonctionnaires européens à venir travailler à Bruxelles, que ce soit pour la Commission, l'Assemblée Européenne, le Conseil des ministres, le Comité économique et social ou la Banque Européenne d'investissement. La politique d'accueil des belges favorisait l'intégration des fonctionnaires dans la capitale. Plusieurs d'entre eux acquirent d'ailleurs des maisons qu'ils occupèrent non seulement durant leur poste, mais également par la suite, à leur retraite. Le problème consistait avant tout à ce que les « Eurocrates » restent attachés à leur cadre national. Il était essentiel de maintenir un lien étroit et continu entre l'Europe et les États membres.

Suite à celles de Luxembourg, des Écoles européennes ont été progressivement créées à Bruxelles pour permettre aux fonctionnaires européens d'y inscrire leurs enfants. Le niveau scolaire y était de qualité. L'accent fut mis sur les langues. On apprenait, par exemple, la géographie en allemand et en français, les mathématiques en anglais et en italien. Formule qui a permis aux enfants de maintenir un lien avec leur pays d'origine et de ne pas trop sentir les différences les uns par rapport aux autres.

Depuis la création du Marché Commun, les européens ont eu tendance à s'isoler en créant des technostructures coupées de leurs opinions publiques nationales, c'est sans doute une des raisons qui a favorisé le « non » des ressortissants français et des hollandais au référendum sur la Constitution.

Le Berlaimont fut souvent une citadelle inaccessible et le Parlement n'était pas forcément représentatif des différentes tendances politiques européennes. Le nombre important de députés allemands de la Social Démocratie et la proximité de leur pays avec la Belgique favorisaient une présence allemande plus nombreuse que les autres pays membres aux assemblées parlementaires (à Strasbourg et au Luxembourg...).

Les discussions sur les valeurs communes de l'Europe ont bien montré que l'Europe chrétienne, qui avait ses références dans la foi et l'autorité avait souvent des difficultés à s'harmoniser avec l'Europe des Lumières qui, elle, s'appuyait sur une totale liberté d'expression. On le constate clairement actuellement avec le problème de l'islamisme qui, à lui seul, incarne le conflit entre archaïsme et modernité. L'Europe a souvent eu beaucoup de difficulté à appliquer ce concept de démocratie pour tous, compte tenu du fait qu'étant une terre d'immigration, et cette immigration étant en grande partie musulmane, elle avait parfois du mal à défendre ses propres valeurs.

Émile Noël : une figure de la CEE, et une préfiguration du rôle de la Turquie

Émile Noël aura occupé pendant près de 30 années le poste de Secrétaire Général de la Commission européenne.

Né en 1922 à Istanbul, il réussit brillamment le concours d'entrée à l'École Normale de Sciences. Mathématicien de grande qualité, il adhéra très jeune au Parti socialiste et gravit tous les échelons avant de devenir Directeur du Cabinet Guy Mollet, Président du Conseil.

C'est en 1958 qu'il fut nommé Secrétaire Général de la Commission. On peut dire que c'est lui qui en fut réellement l'organisateur. Il assistait à toutes les séances et en faisait ensuite le procès verbal. Il avait institué une réunion hebdomadaire des chefs de Cabinet qu'il présidait tous les lundis avant la séance de la Commission qui se tenait le mercredi. Il disposait d'autre part d'un réseau de collaborateurs qu'il informait régulièrement sur les différents services de la Commission.

Par ailleurs, il était maître des avancements et des promotions à l'intérieur des différents services de la Commission, ce qui lui conférait une autorité toute particulière. J'allais souvent le retrouver dans son bureau où il travaillait jusqu'à 10 heures du soir et nous allions parfois dîner ensemble. En 1976, j'ai eu le plaisir de l'accompagner à Istanbul.

Je me souviens d'un dîner avec le Premier ministre Turc Erbakan, au « kiosque » à Ankara. Au cours du repas, celui-ci posa la question de savoir si la Turquie pouvait construire des mosquées avec les fonds de la Commission. Devant notre réponse négative, il déclara que dans ces conditions, il n'effectuerait pas de tournée européenne pour une demande d'adhésion de la Turquie.

À cette époque, un traité d'association avait déjà été signé, en 1963, accordant des avantages tarifaires aux produits turcs. Politiquement, la Turquie héritière de l'Empire Ottoman, avait un régime démocratique, mais l'armée turque y jouait un rôle prédominant, rendant difficile ses rapports avec la Grèce, elle aussi associée au Marché Commun.

Les problèmes de la Turquie

La Turquie avait envahi en 1974 le Nord de l'Île de Chypre où était implantée une forte colonie Chypriote turque. Après une semaine de combats, un armistice fut signé entre la Chypre du Nord qui était turque, et la Chypre du Sud qui était grecque. Cet armistice prévoyait une ligne de démarcation qui était, en fait, une frontière à l'image du mur de Berlin. Les Nations Unies furent chargées d'y maintenir l'ordre.

À cette même époque, j'ai eu l'occasion de déjeuner avec le général Evren, chef d'état-major de l'armée turque, qui devint par la suite,

Président de la République turque. Nous étions au Cercle Militaire d'Ankara, un des hauts lieux de décision de la politique turque. À l'occasion de ce déjeuner, je me risquais à poser une question délicate : l'armée turque comptait-t-elle se retirer un jour de Chypre, et si oui, à quelle échéance ? Il me répondit que Chypre était pour la Turquie comme l'Algérie pour la France, et que la Turquie se devait dès lors de protéger les minorités turques de Chypre.

Le problème de l'adhésion de la Turquie à l'Europe se situe à deux niveaux : politique et économique. Si elle peut être considérée comme une démocratie laïque, son système politique paraissant identique à celui des démocraties européennes, elle a par contre, sur le plan des droits de l'homme et de la liberté d'expression, un sérieux retard par rapport aux pays occidentaux. Le système carcéral est vétuste, les garanties individuelles sont loin d'être respectées, etc. Un exemple frappant : la minorité Kurde, très importante en Turquie, n'a pas le droit de s'exprimer dans sa langue. Quant aux provinces de l'Est de la Turquie, à la limite de la frontière russe, elles sont encore sous régime militaire.

La Turquie bénéficie du soutien américain, la base d'Incilit permettant aux Américains de pouvoir se rendre facilement en Irak et de contrôler la Russie. Les américains ont toujours essayé de convaincre les Européens que le conflit irakien était un des problèmes lié à l'adhésion de la Turquie à la Communauté Européenne. On se souvient que le gouvernement turc n'avait pas donné l'autorisation aux troupes américaines de transiter à travers son territoire pour se rendre en Irak.

Sur le plan économique, trois problèmes se posent : le sort de la livre turque, l'agriculture concurrentielle de la Grèce et surtout le problème des travailleurs turcs en Europe, tout particulièrement en Allemagne, où ils sont les plus nombreux. La livre turque a subi des dévaluations successives en dépit du fait que le gouvernement turc a bénéficié à plusieurs reprises, de l'aide du FMI (Fonds Monétaire International) et de la Banque Mondiale pour soutenir son cours. Si la Turquie venait à adhérer à la CEE, elle serait pour l'Europe une économie assistée.

En ce qui concerne l'agriculture, les producteurs turcs de noisettes, figues et primeurs se trouveraient en concurrence directe avec la Grèce, la Yougoslavie et la Tunisie. Il ne faut pas non plus oublier la très forte production de textile de la Turquie. L'industrie textile turque est, après la Chine, une des plus grandes productrices sur le Marché mondial. Les *T-shirts* turcs ont inondé l'Europe de la même manière que les *T-shirts* chinois, provoquant chômage et délocalisation. Le système des quotas n'a pas réussi à limiter leurs exportations. Les turcs, tout comme les chinois, sont les champions du détournement des trafics. La *Tusiad*, Patronat Turc, possède un réseau de firmes européennes officieuses, avec lesquelles elle travaille en sous main, ce qui fait d'elle un redoutable concurrent.

Pour toutes ces raisons, le processus d'adhésion de la Turquie à la Communauté Européenne sera l'objet d'un long processus étalé dans le temps. L'ambassadeur de Turquie m'a dit un jour en souriant : « La Turquie est divisée en deux, à l'Ouest le Marché Commun, à l'Est, le Marché Persan. » Le problème de l'islamisme ne facilite pas les choses. Le gouvernement Erdogan, qui est supposé être d'un islamisme modéré, a beaucoup de difficultés à réformer la société turque (y compris les problèmes de la peine de mort et des libertés individuelles).

Le caractère polémique de cette possible adhésion de la Turquie a probablement été une des raisons du rejet du référendum sur la Constitution, en France et aux Pays-Bas. Plusieurs députés ont essayé de proposer aux turcs un partenariat privilégié à l'instar des pays du Maghreb, mais la Turquie considère cette proposition comme une forme de discrimination. Il est clair qu'il faudra définir un jour clairement, les frontières de l'Europe. Le problème se pose déjà avec l'Ukraine. Ce sera la tâche des dix années à venir : que l'adhésion de nouveaux pays obéisse enfin à des règles claires.

J'ai eu l'occasion de me rendre plusieurs fois en Turquie. La Turquie est héritière de l'Empire Ottoman et les fonctionnaires turcs se considèrent les héritiers de ceux qui administraient ce vaste Empire. C'est pourquoi ils ont à l'égard de l'Europe des sentiments mitigés. D'une part d'autorité, d'autre part d'archaïsme. Le Kémalisme a profondément imprégné toutes les classes de la société, mais il semblerait que l'effort de modernisme déployé par Ataturk n'ait pas été relayé, ni par l'opinion publique, ni par les actuels dirigeants de la jeune démocratie turque. La diplomatie turque est de très grande qualité et les ambassadeurs de Turquie ont toujours joué un rôle éminent dans la diplomatie occidentale.

Chargé des relations CEE - Turquie, j'ai entretenu d'excellentes relations avec plusieurs ambassadeurs turcs à Bruxelles. Parmi ceux-ci : l'ambassadeur Keskin et son frère, également ambassadeur, qui écrivait des pièces en français. Ils m'ont tous les deux énormément appris sur les mécanismes de leur pays. En revanche, il faut bien l'avouer, par opposition à cette société très occidentalisée des bords du Bosphore, il existe l'immense Anatolie où paysage et mœurs sont de type asiatique. La Turquie est ce subtil mélange d'Occident et d'Asie qui obéit à des influences tant islamiques qu'européennes. Il n'est pas simple d'en démêler les fils. À cela, il faut ajouter le poids d'une histoire impressionnante : la horde des invasions mongoles, l'héritage Byzantin, la longue histoire des Sultans de l'Empire Ottoman, etc. Un héritage difficile à assumer et à comprendre pour des occidentaux sans compter les divisions Kurdes

Un négociateur hors pair : Jean-François Deniau

En 1967, après la fusion des Exécutifs, j'entrais au Cabinet de Jean-François Deniau dans la nouvelle Commission des Communautés Européennes, dans laquelle avaient été regroupés l'Euratom, la CECA et le Marché Commun.

Né à Blois en 1928, Jean-François Deniau, après avoir fait de brillantes études, a participé à la guerre d'Indochine. Il avait passé l'écrit de l'ENA à Saigon. Nommé Inspecteur des Finances, il avait été désigné pour entreprendre les négociations avec l'Angleterre. Il fut ensuite nommé ambassadeur de France en Mauritanie. C'était le plus jeune ambassadeur de France de l'époque, ce qui provoqua pas mal de jalousies. Rencontrant un de ses collègues du Quai d'Orsay, celui-ci lui dit d'un air hautain : « on ne voit ce genre de nomination que chez les nègres ! » Après un séjour de trois ans en Mauritanie, durant lequel il avait établi des liens très amicaux avec le Président Moktar Ould Daddah, il revint en France où Couve de Murville le désigna, tout comme Raymond Barre, membre de la Commission Jean Rey, puis de la Commission Malfati.

Jean-François Deniau, dont le talent a pu s'exprimer à plusieurs reprises dans ses fonctions ministérielles, était un négociateur hors pair. L'imagination dont il faisait preuve lui permettait de débloquer les situations les plus embrouillées. Cela prenait parfois l'allure d'une partie d'échec, discipline dans laquelle il excellait d'ailleurs. Il possédait ce grand talent de nouer des contacts personnels. Il invitait ses interlocuteurs dans sa propriété à Cour Cheverny au bord de la Loire.

Parmi ceux-ci, le Président Moktar Ould Daddah qui, un jour en arrivant chez lui, lui demanda où se trouvait la direction de la Mecque en vue de faire sa prière. Deniau, qui ne manquait pas d'humour, lui indiqua sans sourciller le radiateur du salon, en ajoutant qu'il aurait l'honneur de loger dans la chambre où Jeanne d'Arc avait couché. Il arrivait que Valery Giscard d'Estaing s'invite à une partie d'échec, partie à laquelle il fallait à tout prix le laisser gagner, Giscard ne détestant rien plus que de perdre. Quand Couve de Murville se joignait à eux, il restait un spectateur impassible, whisky en main, déclarant comme pour s'excuser : « C'est une boisson roborative. »

Une expérience inoubliable : ma première campagne électorale

En 1968, j'eu ainsi l'occasion de participer à ma première campagne électorale au profit de Jean-François Deniau. Celui ci se présenta à la députation lors des élections législatives qui suivirent la dissolution de l'Assemblée par le général de Gaulle après Mai 68. Il avait comme concurrent, Roger Sudreau qui avait été Préfet du Loir et Cher et qui, de ce fait, avait une longueur d'avance sur lui.

Nous avions en charge la permanence de l'UDR dont Deniau avait reçu l'investiture de Paris. Cette Permanence était située sur la place de l'Église à Blois et, pour toute fortune, nous ne disposions que d'un petit trésor de guerre : une valise de billets de banque délivrée dans le plus grand secret par Michel Jobert, Directeur de Cabinet du Premier ministre Georges Pompidou. Cette somme dérisoire devait servir en fait à financer les tartines de pâté de campagne des agents du Service de Sécurité qui avait à sa tête Charles Pasqua. Ces agents étaient chargés de neutraliser l'opposition dans les réunions électorales en cognant fort sur l'un ou l'autre intervenant trop véhément.

Une campagne électorale implique des rencontres avec toutes sortes de catégories sociales. C'est ainsi que nous allions parler aux producteurs d'asperges qui, en guise d'applaudissement, nous jetaient des bottes d'asperges à la tête, mécontents de l'écoulement de leurs produits sur le marché européen.

L'Évêque de Blois refusa d'intervenir dans la campagne mais nous recommanda le Chanoine Tournesac, dont le nom avait l'air de sortir tout droit d'un roman d'Anatole France. Celui-ci accepta de recommander aux élèves du Grand Séminaire de voter pour Deniau en contrepartie d'un chèque qui servirait à réparer le toit du Couvent des Dames de Sainte Marie. Je m'exécutais, ravi, mais pour découvrir par la suite, à ma plus grande déconvenue, que les Dames de Sainte Marie avaient tout simplement voté pour Sudreau, le concurrent de Deniau.

Nous visitions sans relâche toutes les associations d'anciens combattants, celles de 1914 aussi bien que celles de 1939, y compris les associations des anciens d'Algérie qui étaient les plus militants. Certains d'entre eux, qui appartenaient à l'OAS, nous avaient même menacés de mort. Devant une telle menace, nous étions sur nos gardes, dormant avec des grenades sur la table de nuit et un fusil de chasse au pied du lit. Parfois, la nuit venue, des tractions avant noires patrouillaient devant la maison de Deniau avec des mines patibulaires, brandissant des pistolets mitrailleurs dans notre direction. Nous n'en menions pas large, comme quoi les campagnes électorales ne sont pas de tout repos et sont susceptibles de dégénérer en véritables pugilats.

Pour soutenir la candidature de Deniau par l'UDR local, Couve de Murville se déplaça en hélicoptère à Blois. Celui-ci se posa sur les quais de la Loire, encadré par un escadron de gendarmerie pour l'encercler et le guider vers la salle des Foires et Expositions où se tenait le débat entre Deniau et Sudreau. Couve, qui venait d'instaurer une taxe sur l'essence, se vit invectiver par des garagistes furieux. Pendant ce temps, Deniau, par mégarde, appela son interlocuteur « Monsieur Sadreau », ce à quoi Sudreau l'interpella en commençant sa phrase par « Monsieur Daniau ». Et quand Sudreau entra dans la salle, l'UDR local, l'invectiva en le traitant à la volée de « pédé » ! On n'y allait décidément pas de main morte…

Qui a dit que les français n'avaient pas de tempérament ? Tenant une permanence électorale de l'UDR sur la place de l'Église à Blois, je reçus plusieurs visites surprenantes dont la première fut celle d'un jeune adolescent de 14 ans. Élève au lycée de Blois, celui-ci me déclara d'un ton docte qu'en hommage au mouvement de Mai 68, les lycéens de Blois souhaitaient fraterniser avec les ouvriers de la chocolaterie « Le Poulain » qui faisait face au Lycée, et me demandait d'intervenir afin que les élèves puissent déjeuner à la cantine de la chocolaterie. Essayant de garder tout mon sérieux, je lui promis d'essayer, tout en lui offrant une barre de chocolat Poulain que j'avais dans ma poche.

Monsieur Le Poulain, qui était richissime, m'avait triomphalement remis une enveloppe contenant 20 francs, somme supposée appuyer la campagne en faveur de Deniau. C'est dire si nous étions soutenus ! De plus, pour ne pas faire faux bond à la mode de l'époque, nous avions fait fabriquer des ceintures à boucles métalliques sur lesquelles était gravé en toutes lettres : « I love Deniau », que nous avons distribué sans rougir sur les marchés de Blois.

Les réunions électorales dans les communes et départements commençaient comme dans les romans d'autrefois, par un appel au tambour des gardes champêtres. Un petit groupe de personnes se retrouvait dans la halle du Marché aux poissons et bestiaux. Deniau commençait alors son allocution sur les évènements de Mai 68, en insistant sur la gravité des cortèges révolutionnaires qui sillonnaient Paris en brandissant des drapeaux rouges et noirs. L'effroi parcourait l'auditoire campagnard et la soirée ne manquait jamais de se terminer en pugilat. De la taule cassée et des insultes fusaient un peu partout, au point que nous étions obligés, à la fin d'une réunion, d'indemniser les propriétaires des voitures malmenées.

Réception de trois personnages de taille

Au cours de mon mandat au Cabinet de Deniau, j'ai participé à la réception de trois personnalités de tout premier plan : Le Maréchal Tito, le Chah de Perse Reza Pahlavi et le Président Johnson.

Le maréchal Tito

La Yougoslavie cherchait depuis longtemps à se rapprocher de l'Europe de l'Ouest. L'intervention des russes en Hongrie en 1958 et le coup d'État de Prague en 1968 provoquèrent un relâchement des liens traditionnels entre la Serbie et la Russie.

Le Maréchal Tito nous reçut une première fois dans un château situé en Voïvodine, province à minorité hongroise, qui avait appartenu à François Ferdinand, Archiduc d'Autriche assassiné à Sarajevo. C'était un château de chasse où le Maréchal aimait se détendre avec quelques invités. On remit un fusil de chasse à Deniau et à moi-même, et on nous invita à monter dans une calèche dont les portes portaient encore les armoiries de l'Autriche-Hongrie, et le cocher un costume tyrolien. Arrivés dans la forêt, on nous désigna un sanglier et un cerf. Deniau tira sur le sanglier, moi sur le cerf (ordre hiérarchique oblige). Le lendemain, on nous remit à tous les deux une feuille de chêne qu'on avait trempée dans le sang des bêtes abattues, le tout encadré dans un tableau.

Le soir, le Maréchal Tito nous invita à un dîner au cours duquel il expliqua les raisons pour lesquelles il souhaitait un rapprochement avec l'Ouest. Lors de l'insurrection hongroise, le Premier ministre hongrois, Imre Nagy, s'était réfugié à l'ambassade yougoslave, les russes lui avaient délivré un sauf conduit qu'ils s'empressèrent de lui retirer par la suite. Le malheureux fut fusillé ensuite par les russes. Tito considérait que les russes n'avaient pas respecté leur parole et qu'un accord de coopération entre la Yougoslavie et la Communauté Européenne constituerait pour les États membres de la Fédération Yougoslave une garantie importante sur le plan de leur sécurité. La négociation de cet accord dura jusqu'en 1981 et fut conclue juste avant la mort du Maréchal.

Tito était un authentique révolutionnaire communiste. Croate, il avait été sergent dans l'armée autrichienne pendant la guerre de 1914, s'était inscrit au Parti communiste et avait participé à la guerre d'Espagne. Il s'était surtout illustré pendant la guerre avec les allemands, en organisant la résistance. Les maquis communistes réussirent à supplanter l'armée royale serbe du général Mihailovic.

Tito était un despote qui aimait les femmes et le pouvoir comme souvent dans ces pays. Comme je lui déclarais : « Maréchal, j'admire la façon dont vous parlez le français », celui-ci me répondit en souriant de toutes ses dents, avec une voix de basse tonitruante, en roulant les « r » :

« Si je parle bien le français c'est grâce aux femmes ! » À la fin du dîner, il nous invita à la projection d'un film sur les réalisations de l'industrie yougoslave. Quelle ne fut pas notre stupéfaction de visionner à la place, un film pornographique. Tito bondit rouge de colère et nous n'aurions pas été étonnés d'apprendre que le malheureux projectionniste, qui s'était trompé, avait été pendu haut et court dès le lendemain.

La fonction que j'occupais m'a permis de visiter les différents États de la Fédération. Au Nord, en Slovénie, j'entrais en contact avec l'ex-chef de Cabinet de Tito, qui occupait le poste d'ambassadeur de Yougoslavie à Bruxelles. Très francophile, il avait participé au maquis du Vercors pendant la guerre. C'était une personnalité exceptionnelle qui joua un rôle important dans nos négociations. C'est lui qui mit au point une partie des dispositions de l'accord relatif aux exportations agricoles et vinicoles de la Yougoslavie.

C'était la première fois, et je le constaterai ultérieurement, que je négociais avec les pays communistes. Tout comme en Chine, il existait un double échelon de responsabilités, celle du ministère en charge et celle du Parti communiste lui-même, ce qui ne pouvait que ralentir les conclusions d'un accord. En visitant les différents États de la Fédération, je constatai combien étaient grandes les dissensions qui existaient entre Croatie et Serbie. La Croatie était catholique, la Serbie orthodoxe et la coexistence entre ces deux républiques extrêmement difficiles.

Je me rendis également à Pristina au Kosovo, (pays à majorité albanaise et à minorité serbe), haut lieu de l'histoire des Serbes qui avaient héroïquement résisté aux Turcs. C'est ainsi que la minorité serbe trouvait, dans cette référence, les raisons même de sa présence au Kosovo face à une majorité musulmane installée depuis longtemps.

Je fus stupéfié de voir, dans un pays européen, les hommes descendre le soir d'un côté de la rue, tandis que les femmes la remontaient en sens inverse, et malheur à celui qui aurait jeté un regard à l'une d'entre elles. Il aurait été poignardé sur le champ. Les problèmes intérieurs qui devaient se poser au Kosovo étaient déjà en germe, et l'accord entre la Yougoslavie et le Marché Commun ne sera pas parvenu à calmer les tensions ethniques de cette province.

Le Chah d'Iran

En 1967, Jean-François Deniau me demanda de l'accompagner en Iran pour participer aux célébrations de Persépolis. Nous devions explorer la possibilité d'un accord commercial entre l'Iran et le Marché Commun. Le Chah souhaitait prendre un peu d'indépendance vis-à-vis des États-Unis pour se rapprocher de l'Europe.

Un premier entretien eut lieu avec le Shah dans l'impressionnant Palais du Golestan, somptueusement décoré, qui comportait une série de salles toutes en glaces. Le Shah nous reçut devant le trône du paon, symbole de la dynastie Moghol et de la Perse. Le Chah, qui était très inquiet de la tension qui régnait entre la Russie et les États-Unis, nous tint des propos très pessimistes sur la politique de détente inaugurée par le Président Carter. Il se sentait abandonné par les américains et sentait qu'il serait victime de cette nouvelle politique. À ses côtés, le Premier ministre Hoveida qui allait être exécuté en prison par la police de Khomeini en 1979, nous reçut fort aimablement dans sa magnifique Résidence, où nous avons pu admirer les merveilleux bronzes du Louristan. Hoveida qui avait fait ses études à l'ULB à Bruxelles, s'exprimait dans un excellent français, comme d'ailleurs la plupart des Iraniens à cette époque. Il nous fit part de sa très grande inquiétude d'un retour possible en Iran de l'Ayatollah Khomeini. Le Chah, qui voulait instaurer en Iran une laïcité comparable à celle qu'Atatürk avait introduite en Turquie, avait confisqué les terres des Ayatollahs. Ceux-ci, furieux, n'attendaient qu'une occasion pour renverser le Chah.

Il faut dire que le faste de la Cour Impériale était choquant, surtout aux yeux d'une population pauvre dans son ensemble. Il y avait par exemple, une Exposition des joyaux de la famille impériale dans les sous sols de la Banque d'Iran, impressionnants à voir. Les deux tiares du couronnement du Chah et de la Chabanou constituées de brillants, de saphirs et de turquoises, apparaissaient comme un défi à une population vivant en dessous du revenu minimum.

En fait, ces joyaux servaient surtout de garantie à la Banque Centrale d'Iran dans ses transactions avec l'étranger. Par ailleurs, le Chah était protégé par une police un peu trop vigilante. Nous étions suivis en permanence par les agents de la Savak. Nos valises ont été fouillées et le projet d'accord commercial entre la CEE et l'Iran photocopié.

Pour les Fêtes de Persépolis, le Chah avait acheté la totalité de la cave de Maxime. Geste qui parut démesuré à la majorité des invités qui comptait des Souverains des Pays Arabes n'étant pas censés boire d'alcool. Des erreurs de ce genre rappellent, à bien des égards, celle des Tsars ou celle de la monarchie française avant 1789, qui conduisent un pays à des situations extrémistes. Pour toutes ces raisons, nos craintes concernant l'avenir étaient bel et bien fondées.

Le Président Johnson

En avril 1967, Jean-François Deniau accompagna le Président Rey à Washington pour une visite d'État. Je faisais partie de la délégation. Les entretiens devaient porter sur le Kennedy Round. Edmond Wellenstein, Directeur Général du Commerce Extérieur et ancien haut fonctionnaire de la CECA, avait une grande expérience de la politique internationale et une remarquable habileté intellectuelle. Nous étions logés à Blair House et nous nous déplacions dans un concert de sirènes aussi impressionnant que les voitures mises à notre disposition.

Le matin, nous sommes allés nous recueillir sur la tombe de John Kennedy, au cimetière d'Arlington, pour poursuivre ensuite vers la Maison Blanche où nous avions rendez-vous avec le Président Johnson. Le Secrétaire du Président vint nous dire, le plus sérieusement du monde, qu'il faudrait patienter un moment, le Président étant entrain de manipuler une boule de cristal avec sa fille pour essayer de trouver une solution à la guerre du Vietnam. Nous étions sidérés. Johnson espérait-il, par ce moyen, trouver une réponse à la prise de Hué par le Viet-Mihn qui venait de se produire ? Cela démontrait combien le pouvoir présidentiel américain était désemparé par cette guerre. Notre entretien fut bref. Le Président confirma qu'il ne retirerait pas les troupes américaines en Allemagne et, par ailleurs, un accord sur les subventions agricoles dans le cadre du GATT put voir le jour.

En sortant de cet entretien, nous nous rendîmes à la National Gallery de Washington, où le Conservateur nous fit découvrir les dix plus beaux tableaux de ce magnifique Musée.

CHAPITRE IV

Devenir européen ou l'Europe en devenir

L'Espagne : un pied dans la Communauté ?

Après la mort du général Franco, en novembre 1975, le processus de transition démocratique de l'Espagne s'est déroulé de la manière la plus satisfaisante possible, grâce à l'arrivée au pouvoir de Juan Carlos qui a eu le mérite d'opérer une réconciliation nationale et d'engager l'Espagne dans un processus qui lui permettait de poser sa candidature à l'adhésion.

En qualité de Directeur Europe à la Commission, chargé des Relations avec les pays non encore membre du Marché Commun, j'ai été amené à me rendre plusieurs fois à Madrid pour présider le Conseil de Coopération avec l'Espagne. J'avais pour interlocuteur l'ambassadeur d'Espagne à Bruxelles : Juan Bassols. L'adhésion de l'Espagne à La Communauté Européenne représentait, pour elle, une véritable opportunité, puisqu'elle allait lui permettre de bénéficier d'aides structurelles à son développement économique. De son côté, l'Espagne allait ouvrir à la Communauté Européenne, une porte sur toute l'Amérique latine, comme l'Angleterre l'avait fait auparavant avec le Commonwealth.

Juan Carlos fut véritablement l'instigateur de cette politique qui allait offrir des avantages aussi bien à l'Espagne qu'à la Communauté Européenne. Ouvrant à celle-ci les portes de pays comme l'Argentine, le Pérou, le Chili, le Venezuela et le Mexique. Un point noir demeurait : Cuba. La succession de Fidel Castro devant être déterminante à cet égard.

La première fois que j'ai rencontré le roi, c'était en janvier 1976, lors de sa prestation de serment. On était immédiatement frappé par la force de caractère qui émanait de lui et par sa volonté de sortir l'Espagne de son isolement. Dès la fin de la cérémonie, un tonitruant « Anda hijo » (Vas-y fils) retentit dans toute la Cathédrale de San Ferdinando, hurlé par des centaines de spectateurs enthousiastes, avec cette familiarité respectueuse qui caractérise le peuple espagnol.

Depuis cette première rencontre, j'ai eu le plaisir d'être reçu à plusieurs reprises au Palais de la Zarzuella, où le roi vivait avec sa famille dans une grande simplicité, et de pouvoir m'entretenir avec lui le plus naturellement du monde. Bourbon d'Espagne, le roi appartient à une dynastie qui a régné sur la France. Il est, en effet, l'arrière-petit-fils de Philippe V et descend en ligne directe de louis XIV. Cet héritage lui confère une autorité naturelle, qu'il manifeste avec beaucoup d'élégance, d'autant plus que celle-ci est alliée à des qualités humaines très réelles. Grand, altier, ouvert, Juan Carlos inspire une sympathie immédiate. Sa femme, la Reine Sophie, est l'image même de l'épouse parfaite, toujours souriante et présente à ses cotés en toutes circonstances.

Juan Carlos avait choisi à l'époque comme Premier ministre Adolfo Suarez, dont le cabinet très performant avait permis un dialogue social indispensable à la cohésion de l'Espagne. Le chef du Parti communiste espagnol Santiago Carrillo, qui avait vécu longtemps en exil en Union soviétique, comme le Parti communiste lui-même qui avait été très longtemps dans la clandestinité, ont reçu finalement du roi lui-même le soutien qui leur a permis leur réintégration dans la nation espagnole.

Juan Carlos était très préoccupé par les problèmes régionaux de son pays : la Catalogne, le Pays Basque, l'Andalousie, etc. C'est grâce à lui que chacune de ces provinces a pu acquérir une autonomie lui conférant une indépendance relative. Certes, la rivalité avec la Castille demeure, et, aujourd'hui encore, il est rare qu'un Catalan veuille parler en castillan. Comme on peut le constater, ces concessions n'ont pas rencontré l'enthousiasme de tous les Espagnols, surtout pas celui du Parti nationaliste basque, qui n'a cessé, depuis, de commettre des attentats traumatisant la population espagnole.

À ces attentats, est venu s'ajouter celui qui a été commis par Al-Qaida à Madrid en mars 2005. Ces évènements qui endeuillent la population espagnole sont un des grands problèmes auxquels le gouvernement espagnol doit faire face. Développer un service de renseignement et un service de police important, sont donc devenues des nécessités de tout premier ordre.

La presse espagnole était hostile à l'adhésion de l'Espagne car elle était restée très nationaliste et le journal *El Pais* en était l'illustration. Lors d'une session entre la Commission et le ministère espagnol des Affaires étrangères, alors que je descendais l'escalier du ministère, admirant ce superbe ouvrage (les marches comme les balustres sont entièrement recouvertes d'or provenant des colonies espagnoles, d'Amérique latine), un journaliste espagnol m'interpella en me déclarant : « Monsieur Duchâteau, quel coup de corne venez-vous de donner à l'Espagne ? » C'était à l'occasion d'une négociation sur les tarifs des oranges espagnoles exportées dans la Communauté, négociation qui avait suscité la colère des producteurs d'orange de Valence. J'avais souvent en face de moi une trentaine d'hommes habillés de noir, des fonctionnaires des Affaires étrangères qui, lorsque j'énonçais une proposition qu'ils estimaient satisfaisante, s'écriaient d'une seule voix comme à la corrida « Olé ! » ; scènes échappées d'un tableau du Gréco sur l'inquisition.

L'Espagne réussit le pari politique de la réconciliation et Felipe González succéda normalement à Adolfo Suarez, la gauche remplaçant la droite sans problème, ce qui permit au Cortes, l'Assemblée espagnole, de jouer un rôle d'équilibre entre les deux partis. Il ne faut pas oublier que la guerre civile avait fait deux millions de morts et que, quarante années après 1936, ce n'était toujours pas facile de gouverner l'Espagne. Là aussi, le roi a su habilement jouer son rôle d'arbitre.

Felipe González était andalou et ressemblait presque trait pour trait au roi du Maroc Hassan II. Il convainquit le Parti socialiste d'adhérer aux Institutions de Bruxelles. L'Espagne est le pays qui, en 15 ans, a su réduire son chômage de 15 à 7 % de la population active. Le ralentissement de l'économie européenne ne l'a pas empêché d'adhérer à l'Euro. Le système bancaire espagnol est particulièrement performant et la croissance annuelle est de l'ordre de 3 à 4 %. L'Espagne a trouvé sa place dans la Communauté Européenne et notamment son commerce avec l'Allemagne, la France et l'Italie ont eu des résultats remarquables.

Je voudrais mentionner ici un problème qui m'a obligé à me rendre à plusieurs reprises en Israël. Au moment où l'Espagne rejoignait le Marché Commun, il fallait qu'elle puisse reconnaître Israël, ce qu'elle n'avait pas encore fait. Or comment aurait-elle pu présider un Conseil d'association avec Israël sans reconnaître son existence ?

Il semble que l'histoire pèse jusqu'à ce jour sur l'Espagne. Le fait que « les rois catholiques » : Ferdinand et Isabelle, avaient interdit d'exercer la foi juive en Espagne, représentait encore une réalité présente à l'esprit des espagnols et pesait encore, en dépit de tout, sur les relations entre l'Espagne et Israël. D'autre part, les souvenirs de l'inquisition étaient encore très vivaces. Ceci sans oublier un autre facteur, le fait que l'Espagne achetait son pétrole au front du refus, c'est-à-dire à l'Iran, l'Irak et l'Arabie Saoudite.

Israël et ses oranges

Je débarquais à Tel Aviv au mois d'avril 1976 dans une atmosphère délicate. Ce voyage coïncidait avec le trentième anniversaire de l'État d'Israël. Le général Moshé Dayan me reçut dans son bureau, son fameux bandeau noir sur l'œil qu'il avait perdu à la guerre du Kippour, bandeau qui lui donnait davantage l'air d'un corsaire ou d'un aventurier, que celui d'un ministre des Affaires étrangères. Il officiait dans des baraquements en bois, voulant rappeler que Tel Aviv était une capitale provisoire et que Jérusalem en serait la capitale définitive, et peut-être rappeler ainsi l'effort des pionniers du kibboutz.

Le ministre me reçut aussitôt après mon arrivée. Comme je m'évertuais à lui expliquer le problème de la reconnaissance d'Israël par l'Espagne, il me répondit que c'était certes une question importante pour le prestige de son pays, mais il ajouta aussitôt, et sans autre forme de procès, qu'il était plus intéressé par les questions commerciales que par les questions politiques et que pour lui, ce qui comptait avant tout, c'était le tarif des oranges d'Israël qui devait concurrencer, à l'exportation, celui des oranges espagnoles.

Sa fille archéologue fit à ce moment irruption dans son bureau et, après les présentations d'usage, se mit à m'expliquer que l'État d'Israël attachait une très grande importance à l'archéologie. En effet, me dit-elle, aux yeux des Israéliens, ce sont les juifs qui ont peuplé la Palestine, bien avant les arabes. De nombreux monuments en témoignent, il suffit de se référer à l'histoire de la forteresse de Massada. J'ai préféré m'abstenir d'intervenir.

Moshé Dayan m'invita ensuite à me rendre à la grande synagogue de Jérusalem. Nous quittâmes Tel Aviv dans la splendeur d'un ciel crépusculaire. Tout le long de la route, une lumière rose indicible s'étalait aussi bien sur les maisons, que sur le dôme de la Mosquée d'Omar. L'Église du Saint Sépulcre et la Grande Synagogue rappelant sans cesse que nous étions au carrefour de trois monothéismes.

Le soir même, je fus invité à assister à un bref office du Sabbat, dans la Grande Synagogue somptueusement décorée. (Les fonds de banques juives américaines avaient financé sa construction). Nous nous sommes rendus ensuite au musée archéologique de Jérusalem où se trouvent les manuscrits de la Mer Morte découverts par un berger, au bord du Jourdain.

Passant sans transition d'un registre à un autre, j'assistais le lendemain au défilé de l'armée en l'honneur du 30e anniversaire de l'État d'Israël.

Cette manifestation impressionnante me fit soudainement réaliser que les livraisons d'armes américaines à Israël comportaient le matériel le plus sophistiqué qui soit en missiles et en chars de combat. Le défilé se déroulait au pied du Mont des Oliviers. Le contraste était saisissant entre le message de paix délivré par le christianisme et la détermination militaire d'Israël. J'allais m'incliner à la basilique du Saint Sépulcre sur le lieu même de la crucifixion et rentrais à Bruxelles, encore tout imprégné de ce voyage.

Dans le semestre qui suivit mon retour, l'Espagne reconnaissait l'État d'Israël.

Une rencontre qui marque

L'année 1976, fut l'année où je commençais à travailler avec Roland de Kergorlay, Directeur Général adjoint aux Relations extérieures, qui fut et resta pour moi un ami fidèle jusqu'à sa disparition en 2002.

D'origine bretonne, il appartenait à une ancienne famille de noblesse de robe. Un de ses aïeux, proche d'Alexis de Tocqueville, avait échangé avec lui une correspondance suivie. C'était lui qui avait organisé la première Exposition Universelle à Paris au moment où la France avait signé un accord de libre échange avec la l'Angleterre. Roland de Kergorlay avait reçu une éducation anglo-saxonne grâce à laquelle il avait échappé aux moules classiques de l'éducation française. Ancien élève d'Harvard, il avait été Secrétaire du Comité Monétaire de la CEE en 1959. Devenu directeur général adjoint aux Relations extérieures, il fut pour moi l'exemple même du parfait négociateur. Il termina sa carrière comme ambassadeur à Washington où il entretint des relations personnelles avec le Président Reagan.

À Bruxelles où il habitait, j'ai passé de nombreux week-end chez lui, dans sa maison qui était des plus hospitalières. Son épouse Lavinia et sa fille Elisabeth m'entouraient d'une réelle affection. Je lui dois d'avoir pu comprendre plus aisément, le monde anglo-saxon, de même que le monde des affaires, car en dehors de ses talents de fonctionnaire, Kergorlay était un « money maker » et un businessman de grande envergure.

Il me confia la présidence des Comités mixtes de l'AELE, Association Européenne de Libre Échange, regroupant les pays qui ne souhaitaient pas adhérer au Marché Commun mais désiraient entretenir avec la Communauté des relations commerciales. Le Secrétariat Général de l'AELE était situé à Berne, et les pays qui le composaient, comprenaient : l'Autriche, la Suisse, la Finlande, la Suède, la Norvège et l'Islande.

Réfractaire obstinée : la Suisse

J'accompagnais Roland de Kergorlay à Genève et à Berne pour organiser un Comité Mixte avec la Suisse. C'est ainsi que j'eu l'occasion de rencontrer l'ambassadeur Somaruga, avec qui je présiderais ultérieurement la commission horlogère, ainsi que l'ambassadeur Caillat. Somaruga, tessinois profondément catholique, devint par la suite ambassadeur de Suisse auprès du Saint-Siège et termina sa carrière comme Président de la Croix Rouge Internationale. Caillat, genevois du quartier de la rue des Granges, faisait preuve d'une rigueur toute calviniste.

Je ne tardais pas à découvrir que la Confédération Helvétique aurait beaucoup de mal à se rapprocher du Marché Commun. Le Président de la Confédération m'avait d'ailleurs prévenu un jour à Berne, en me disant : « Si jamais la Suisse devait entrer au Marché Commun, elle éclaterait ! Les cantons de Genève et de Lausanne se raccrocheraient à la France, les cantons germanophones iraient vers l'Allemagne, quant au Tessin, il se rapprocherait de l'Italie. »

Nous avons quand même réussi à trouver un compromis avec une série d'accords commerciaux susceptibles de remplacer le cadre institutionnel. La Suisse a été le pays avec lequel environ 80 traités commerciaux ont été conclus. Un des points les plus délicats du dossier suisse fut celui des transports. En effet, les trafics Italien, français et allemand empruntaient souvent le réseau routier suisse et le débat sur les montants des taxes de transit a été des plus difficiles à trancher.

L'œil de la CEE sur les transactions financières du Lichtenstein

La Suisse ayant en charge les intérêts de la Principauté du Lichtenstein, nous avons organisé une réunion à Vaduz. Bien qu'ayant un territoire extrêmement limité, le Lichtenstein est le lieu d'importantes transactions financières et un des plus importants paradis fiscaux. Fait curieux, la plus grande fabrique de dentiers du monde, s'y trouve. La simplicité des habitants est semblable à celle des Cantons Suisse. L'on y rencontre le plus naturellement du monde le Premier ministre ou le ministre des finances, au bureau de tabac du coin ; quant au prince de Lichtenstein, il possède une des collections de tableaux les plus importantes au monde, après celle de la Reine d'Angleterre : 18 Titien, 40 Rembrandt, une vingtaine de Rubens et j'en passe. Ces chefs-d'œuvre sont entreposés dans les salles du Château. Inutile de préciser que, pour les visiter, il faut franchir une série de portes blindées.

L'accord signé avec la Principauté permit à la Commission d'avoir un œil sur les transactions financières de ce pays, (pas toujours, il faut l'avouer, de la plus parfaite régularité). Pendant ce temps, suite à un référendum négatif de la part de ses ressortissants, la Suisse refusa son adhésion à la Communauté. Il devint clair que son intégration dans l'Europe n'était pas pour aujourd'hui, et peut-être pas pour demain.

L'Autriche prête à sauter le pas

Avec l'Autriche, nous avions des relations beaucoup plus développées qui laissaient présager de sa future adhésion. Le traité d'État de 1953 sur le statut de l'Autriche, avait été réglé par un accord quadripartite : Russie, France, États-Unis, Grande-Bretagne. L'armée russe s'était retirée de Vienne qu'elle occupait depuis la fin de la guerre. L'Autriche bénéficiait d'un statut de neutralité qui l'empêchait d'adhérer à l'OTAN. Il s'agissait d'une neutralité imposée par ces quatre puissances et non pas choisie, comme cela avait été le cas pour la Suède ou la Suisse. Le Chancelier Kreisky, grand ami de Willy Brandt qu'il avait rencontré pendant la guerre en Suède, social démocrate comme lui, donna une forte impulsion au rapprochement politique avec l'Autriche.

Je présidais la Commission mixte CEE-Autriche. L'ambassadeur d'Autriche en poste à Bruxelles était Grégor Seyffertitz. Très lié à Jean d'Ormesson, il devint rapidement un ami et j'eu ainsi l'occasion, de passer de longs week-end en leur compagnie, notamment dans sa résidence privée à Graz en Styrie. C'est là où l'ambassadeur résidait pendant la période de la chasse. Il portait, selon la coutume autrichienne, des culottes de cuir, la veste verte traditionnelle et un chapeau tyrolien a blaireau. C'est dans cette tenue qu'il circulait dans Graz, saluant les passants avec cette simplicité bonhomme qui caractérise les habitants des pays Alpins.

Grégor Seyffertitz possédait une vingtaine de statuettes de l'Empereur François-Joseph, auquel il vouait un véritable culte. Le père de sa femme qui avait été Premier ministre d'Autriche-Hongrie, avait été assassiné au cours d'une séance du parlement autrichien en août 1914. Tout comme la Suisse, l'Autriche avait des problèmes de transit qu'il fallait régler dans le cadre de la Commission mixte. Celle ci siégeait dans la splendide salle de la Redoute à la Hofburg, tout à côté de la salle où s'était tenue le Congrès de Vienne en 1814. L'ombre de l'Autriche-Hongrie planait toujours sur nos discussions.

Un jour, Jean Monnet m'offrit un livre sur l'Autriche-Hongrie, en me disant : « Duchâteau, vous allez comprendre en lisant ce livre, pourquoi une organisation supranationale n'a pu réussir. L'Empire avait éclaté en 1918 et le partage fait par Clémenceau au traité de Versailles, allait peser sur toute l'après-guerre. Il est certain que Clémenceau, qui avait lui-même dessiné les frontières de la Yougoslavie, de la Tchécoslovaquie et de la Hongrie, avait fait là une erreur historique grave de conséquences. »

En effet, le problème des minorités sudètes en Tchécoslovaquie a été une des causes de la guerre de 1939. L'éclatement de la Fédération Yougoslave après la mort de Tito et l'instabilité de la Hongrie et de la Roumanie, entre autre à cause d'une minorité allemande en Transylvanie, ont été un héritage lourd à porter. Jean Monnet avait raison de dire que la construction européenne de l'après-guerre devait absolument éviter de commettre de pareilles erreurs.

Soucieuse de sa neutralité : la Suède

Avec la Suède, nous nous sommes trouvés à nouveau face à un pays très soucieux de sa neutralité. La Suède avait un passé historique très chargé. Je me souviens de m'être rendu un jour à la cathédrale de Stockholm visiter la tombe de Charles XII, et que le Premier ministre Olaf Palme m'avait affirmé que celui-ci aurait pu être roi de l'Europe si son armée n'avait pas été vaincue par Pierre Le Grand à la bataille de Poltava. En 1740, Stockholm présentait en effet, toutes les caractéristiques d'une grande capitale européenne.

Wilhelm Haferkamp et moi-même avons été reçus par le roi Gustave VI, à huit heures et demi du matin. Nous étions en habit comme le veut le protocole de la monarchie suédoise. Durant cet entretien le roi, qui semblait s'ennuyer, avait demandé à Haferkamp de lui dessiner le schéma d'un réacteur nucléaire sur l'étoffe d'un fauteuil Louis XVI. La Suède devait par la suite renoncer à l'énergie nucléaire par voie de référendum.

Nous avons eu l'occasion de rencontrer le Premier ministre : Olaf Palme, dans sa résidence privée. Diplomate brillant, il nous a expliqué que la Suède ne pourrait adhérer au Marché Commun que par étapes successives, et qu'il fallait d'abord conclure une série d'accords particuliers pour ensuite recoller le tout ensemble. Ce fut exactement la procédure suivie. Palme nous invita à la réception qu'il donna en l'honneur de la visite de Khrouchtchev de passage à Stockholm. Cette réception se déroula le 1er mai, fête des travailleurs célébrée avec faste à Moscou. Elle eut lieu au ministère des Affaires étrangères Suédois, qui était un superbe palais Gustavien. Khrouchtchev arriva hilare, entouré d'un cortège de maréchaux soviétiques chamarrés de la tête aux pieds et couverts de médailles. Peu de temps après la cérémonie, les maréchaux soviétiques qui avaient ingurgités pas mal de verres de vodka, roulaient dans l'escalier. Ils étaient accueillis par des valets de pied en perruques poudrées qui, comme dans Marivaux, les transportaient sur des brancards pour les glisser dans les ambulances qui attendaient dans la cour. Tout avait donc été prévu.

L'Union soviétique a essayé à plusieurs reprises d'empêcher le rapprochement de la Suède avec le Marché Commun en mobilisant les syndicats socialistes de Suède sur le problème de la neutralité. La levée du blocus de Berlin en 1989 a mis heureusement fin à cette politique d'obstruction.

La Finlande et ses mœurs étranges

La Finlande était plus dépendante de l'Union soviétique que ses voisins du Nord. Un accord particulier la liait effectivement à l'URSS. La guerre russo-finlandaise de 1939 avait beaucoup marqué les finlandais, qui avaient du subir une occupation soviétique très rigoureuse.

La première réunion de la Commission mixte CEE - Finlande s'est tenue à Helsinki. C'est ainsi que j'ai été invité, le soir même, dans le sauna du Maréchal Mannerheim, aussi vaste qu'une station de métro. Nous étions tous nus (solidarité oblige) transpirant à grosses gouttes dans la chaleur torride du sauna, les finlandais discutant le plus naturellement du monde des problèmes commerciaux les uns après les autres, comme s'ils étaient derrière leurs bureaux. Mais nous n'avions pas fini de nous étonner. Pendant tout le temps que dura la séance, de ravissantes jeunes finlandaises en tablier venaient régulièrement nous offrir des saucisses chaudes, sans s'étonner un instant de cette étrange réunion qui se tenait en tenue d'Adam.

À la sortie du sauna, rouges comme des homards, on nous invita à plonger dans l'eau glacée du Lac (coutume oblige) et à absorber, sans sourciller et en claquant des dents, une série de verres de vodka. C'est dans cette atmosphère surréaliste, qu'un protocole d'accord a été signé entre la Finlande et la Communauté Européenne. En dépit de cette procédure insolite, les relations avec la Finlande ont été et restent toujours excellentes.

À Helsinki, nous étions logés dans des bâtiments proches du stade où se déroulaient les Jeux olympiques. Le matin, dans les couloirs, nous croisions des champions du monde, de lancement du poids ou du marteau soviétique qui se déplaçaient fiers et sûrs d'eux, semblables à d'impressionnantes divinités de l'Olympe. Il était évident que le sport avait une place très importante en Finlande. Le Président de la République finlandaise, Kekkonen, recevait souvent les délégations étrangères dans sa loge présidentielle au stade d'Helsinki.

Dans cet immense pays de forêts de bouleaux et de sapins, parsemé de mille lacs, j'ai découvert la Laponie, contrée très particulière où j'ai eu l'occasion de rencontrer des délégations, non pas de Finlandais, mais d'esquimaux. Inutile de préciser qu'il y régnait un froid tellement glacial qu'il n'y avait pratiquement plus de végétation. Les arbres gelés étaient complètement repliés sur eux-mêmes. Pour parer au manque de végétation, les propriétaires de maisons disposaient des tapis de gazon artificiel dans leurs jardins. La Finlande est devenue membre à part entière de l'Union européenne en 1990. Elle représente un support solide à la frontière russe et nous ne pouvons que nous féliciter de son adhésion.

La Norvège ? Un pas en avant, un pas en arrière

La Norvège s'est rapprochée à plusieurs reprises de la Communauté Européenne. Elle a été deux fois à la limite d'y entrer, mais à chaque fois, un référendum populaire a repoussé cette opportunité. Très éprouvé par la guerre, ce pays a été envahi par les allemands dès 1940. La bataille de Narvik est encore dans tous les esprits. La Norvège est très fière de son indépendance acquise non sans difficulté lorsqu'elle s'est séparée de la Suède en 1905.

Essentiellement agricole, ses activités de pêche sont très importantes. De plus, la Norvège ayant eu la chance d'avoir trouvé du pétrole dans la Mer du Nord, a investi dans la construction de nombreuses plateformes.

J'ai eu ainsi l'occasion de rencontrer le roi de Norvège Haakon. Celui-ci, droit comme un I, portant un blazer bleu marine à écusson royal, nous a reçu brièvement au Palais royal d'Oslo. On le sentait très impatient de se rendre sur son yacht, qui mouillait devant le palais. Par contre, j'ai eu d'excellentes relations avec l'ambassadeur Langeland, Représentant permanent de la Norvège à Bruxelles et par la suite ambassadeur à Paris. J'ai effectué en sa compagnie, un superbe voyage offert par le gouvernement norvégien. Partis de Bergen où j'ai eu droit à un fabuleux dîner avec les producteurs de saumon sauvage, nous avons visité la maison natale de Grieg. J'avais soudain l'impression d'être transporté dans un rêve nordique extra terrestre. On a longé les côtes norvégiennes bordées de fjords impressionnants et le voyage s'est terminé par une escale au cap Nord à Kirke Ness, où j'ai rendu visite aux postes frontières situés entre Russie et Norvège. Les douaniers norvégiens et russes fraternisaient à grands coups de verres d'aquavit. Au retour, sur le bateau de Kirkenes à Oslo, nous avons fait escale aux Îles Lofoten où la spécialité est la pêche à la morue. Les portugais sont les grands acheteurs de morue qu'ils achètent fraîche en Norvège, pour ensuite la saler au Portugal.

Le soir, un bal avait été prévu et quelle ne fut ma stupéfaction de voir de jeunes pêcheuses de morue, les seins à l'air, portant juste une jupe qu'elles faisaient virevolter, en train de danser frénétiquement avec les marins du bord. Autre latitude, autres mœurs. La Norvège, comme la Suisse, restait donc, et reste jusqu'à aujourd'hui, en dehors de la Communauté Européenne. On peut imaginer, qu'elle le restera encore longtemps.

Les pêcheurs d'Islande

J'achèverai ce tour des pays nordiques, en mentionnant les rapports de la Communauté Européenne avec l'Islande. Toute proche du cercle polaire, l'Islande a des activités entièrement centrées sur la pêche. Sa capitale, Reykjavik, doit compter tout juste une cinquantaine d'arbres, la végétation ne poussant pas, faute de soleil et de lumière. C'est un pays, tel que l'avait décrit Jules Verne dans son « Voyage au centre de la terre », avec de nombreux geysers (sources d'eau chaude) qui font que les maisons sont équipées non pas de radiateurs, mais de refroidisseurs. Quant au paysage à l'intérieur du pays, il est tout simplement lunaire. Des troupeaux de poneys circulent en tout liberté autour des volcans qui festonnent l'île.

Un accord de pêche a été établi avec le gouvernement islandais et ratifié par le Parlement Islandais qui se réunit au mois de juin dans une vallée près de Reykjavík.

Les pays scandinaves face à la CEE

Ce survol des pays scandinaves, m'a permis de constater que les liens avec l'Europe sont plus forts que ceux que l'on pourrait imaginer. Ceux de l'histoire d'abord, par référence à la longue tradition des vikings qui ont investi une partie de l'Europe du Nord et jusqu'à la Normandie française au Moyen-âge, et qui sont même allés jusqu'au Canada, avec le voyage d'Éric Le Rouge.

On peut dire que la Communauté Européenne a tissé des liens économiques importants avec une industrie suédoise puissante, une Finlande grande productrice de pâte à papier, une Norvège d'un dynamisme industriel important et enfin un Danemark qui n'a pas hésité à adhérer à l'Europe, en même temps que la Grande-Bretagne.

Les pays scandinaves ont joué un rôle éminent aux Nations Unies. Le premier Secrétaire Général des Nations Unies,Trygve Lie, était lui-même Norvégien, et son successeur, Dag Hammarskjöld, était Suédois.

Ces pays sont porteurs d'un idéal de paix, et donnent à l'Europe une force tranquille et jouent un rôle important de médiateurs dans la politique internationale.

Le problème de Chypre : les frères ennemis

La Communauté Européenne devait être amenée à jouer un rôle important dans la recherche d'une solution au problème de Chypre. L'île, en majorité grecque, comportait une minorité turque au Nord. Le gouvernement turc dirigé par le Premier ministre Ecevit avait décidé, en 1974, d'envahir le Nord de Chypre pour protéger sa minorité turque, celle-ci accusant les grecs d'exaction à son égard. C'est ainsi que l'île a été divisée en deux et qu'une ligne verte sépare les deux communautés.

Je me suis rendu à plusieurs reprises à Chypre. Le Président de l'île était l'archevêque Makarios qui assumait à la fois les deux fonctions de Métropolite de l'Église grecque orthodoxe de Chypre et de Premier ministre. Il n'avait rien moins que 15 enfants naturels et n'avait pas hésité à leur distribuer, sans aucun état d'âme, les principaux postes ministériels.

Le rôle de l'Église orthodoxe grecque était prédominant à cette époque, au point qu'à plusieurs reprises l'archevêque Makarios avait lancé des appels à la communauté Grecque pour l'encourager à entreprendre une nouvelle croisade contre les Turcs. Il mourut en 1977.

En tant que Représentant de la Commission, j'allais assister à ses obsèques au mois d'août, dans la campagne Chypriote. C'est le président Kyprianou qui lui succéda.

La Communauté Européenne me demanda à ce moment de proposer un projet économique susceptible de réunir les deux communautés grecque et turque. Je pris aussitôt contact avec le Représentant de la Banque mondiale à Nicosie qui me fit savoir qu'un projet d'égout entre la partie grecque de Nicosie et sa partie turque (Lefkosha), pourrait être l'occasion de réunir les deux communautés. Je décidais aussitôt de rencontrer les maires de ces deux villes ennemies et les pourparlers commencèrent.

Pour tenter de faire aboutir ce projet, il fallait que je puisse me rendre dans la partie Nord de Chypre. Je pris contact avec les Nations Unies qui disposaient d'une force de casques bleus. Un général suédois me reçut au quartier général, à l'hôtel Hydra Palace, et m'affirma qu'il me serait possible de partir dès le lendemain à Kyrenia, en zone turque, et qu'il me fournirait une escorte de casques bleus canadiens. Fort de cette déclaration, je réunis les ambassadeurs européens à Chypre et obtins leur mandat me permettant de me déplacer dans la zone turque. Seul l'ambassadeur de Grèce émit la plus grande réserve.

À 3 heures du matin, alors que je dormais profondément dans ma chambre de l'hôtel Hilton, j'entendis toquer à ma porte. À ma grande surprise, je vis l'ambassadeur de Grèce, tenant à la main un télégramme provenant d'Athènes, lui enjoignant de faire l'impossible pour tenter de m'empêcher de me rendre au Nord de Chypre. Je pris sur moi de désobéir à cette injonction et me ralliait au mandat des ambassadeurs de la CEE, quelles que soient les réserves émises par le gouvernement grec.

Je partis donc le lendemain matin, comme prévu. Une voiture de Nicosie m'attendait pour franchir la ligne verte entre Nicosie et Lefkosha. La Mercedes arborant le fanion de la Communauté Européenne, était flanquée, de part et d'autre, de 4 jeeps canadiennes supposées assurer ma sécurité. En arrivant devant les lignes turques, notre chauffeur grec pris de panique, perdit le contrôle de sa voiture qui alla s'échouer lamentablement au milieu des sacs de sable des soldats turcs. Inutile de préciser que nous n'étions pas fiers et que notre dignité s'en trouva affectée.

De l'autre côté de la Ligne Verte, dans sa Jaguar personnelle, m'attendait Rauf Denktasch, Président de la communauté Turque de Chypre. Il vint à ma rencontre et me déclara : « I shall be your driver. » C'est ainsi que Je passais trois jours en sa compagnie. Demktasch ressemblait à Mussolini ; même mâchoire carrée, même menton volontaire et même caractère impétueux.

Durant la visite de Chypre Nord, j'allais visiter la Cathédrale de Famagouste, cathédrale de style gothique qui faisait penser aux cathédrales françaises et rappelait que les « Lusignan » avaient régné sur Chypre durant la Renaissance.

Cette famille vénitienne avait fait construire la Cathédrale que les turcs avaient fait repeindre en blanc et transformé en mosquée. Von Schuman, descendant du pianiste, faisait partie de mon équipe. Il vint me trouver en me déclarant d'un ton solennel qu'en tant que Chevalier de l'Ordre de Malte, il n'était pas question qu'il mette les pieds dans une cathédrale transformée en mosquée. Pour éviter un incident de plus avec les turcs, je lui proposais de m'attendre au café d'en face.

Je discutais avec le président, du projet d'égout, et à ma plus grande surprise, celui-ci accepta. À mon retour à Chypre, je pus obtenir l'accord du maire grec de Nicosie, beaucoup moins hostile aux turcs que le gouvernement chypriote grec. C'est ainsi que finalement, la ville de Nicosie ainsi que la partie turque de Chypre, purent bénéficier d'un égout financé par la Communauté Européenne. Projet qui coûta environ 25 millions de dollars.

En quittant Chypre, je fis escale à Athènes où, à ma plus grande stupéfaction, une cinquantaine de journalistes grecs déchaînés m'attendaient à ma descente d'avion. Grâce au ciel, le Secrétaire d'État aux Affaires étrangères, Varfis, vint à mon secours et m'aida très amicalement à répondre aux critiques virulentes de la presse grecque.

Ceci démontre bien que, malgré ce problème de Chypre non encore réglé à ce jour, il est toujours possible de trouver des solutions, à condition que celles-ci ne revêtent pas un caractère politique trop accentué.

Malte, un écheveau inextricable

L'île de Malte constitue un cas à part dans ses relations avec la CEE. Malte a en effet, de par son passé, constitué un rempart européen contre la puissance turque. La bataille de Lépante, l'institution des Chevaliers de Malte et son rattachement à la couronne Britannique, ont fait de cette île un bastion avancé de l'Europe, sur lequel l'Italie exerçait une sorte de tutelle.

L'ambassadeur d'Italie à Malte était une autorité que l'on consultait régulièrement. La présence d'intérêts libyens importants faisait que

Kadhafi aussi y jouait un rôle important, s'ingéniant à brouiller les cartes avec les pays occidentaux.

Dans l'île de Malte, la Cathédrale Saint John est un lieu historique important. Le sol est composé de toutes les dalles des chevaliers de Malte décédés, notamment la tombe du Comte de Saint-Simon, pair de France. Cela n'a pas empêché Kadhafi de construire une mosquée non loin de la cathédrale. Malte conserve jusqu'à présent 350 églises, ce qui permet au Vatican d'y jouer un rôle important.

Dans cet écheveau diplomatique, Dom Mintoff, Premier ministre Maltais, était un personnage haut en couleurs. Un moment socialiste, un autre moment maoïste, il avait concédé une grande partie du Port de Malte à la Chine populaire. Il me reçut en compagnie d'un de mes collègues : Tran Van Thinh, directeur général des textiles, d'origine vietnamienne. Nous devions fixer des quotas de textiles pour l'île de Malte, sans ignorer que celle-ci était la championne des détournements de trafic. Tran proposa quelques chiffres, mais Mintoff voulait un abaissement des quotas, mentionnant que Malte était sous développée, ce à quoi Tran, ôtant sa chemise, lui déclara : « Monsieur le ministre, vous avez devant vous, un vrai sous-développé. »

La nuit suivante, à 3 heures du matin, Mintoff que ces propositions avaient sans doute alléché et soucieux d'extirper un maximum d'aide de la part du Marché Commun, m'appela en me demandant si je pouvais lui faire un chèque de 50 millions de dollars ! Je restais stupéfait. Devant ma réponse négative, il se mit en colère et il me fallut beaucoup de patience pour parvenir à renouer les fils de la négociation. Il envoya à Bruxelles l'ambassadeur Feruggia, qui était ambassadeur de Malte près du Vatican. Au bout de 8 jours, je reçus un coup de téléphone de la Clinique Sainte Elisabeth où l'ambassadeur s'était réfugié, craignant que Dom Mintoff le fasse assassiner. Cette atmosphère de roman policier dura pendant toute la période où celui-ci fut Premier ministre. De nouvelles élections permirent à Malte de revenir à un régime plus démocratique et nous pûmes finalement établir un accord commercial en bonne et due forme avec Malte,

Il est certain que si la CEE n'a pas manqué de rencontrer des problèmes avec les îles de la Méditerranée comme Chypre et Malte, elle devait par la suite en rencontrer bien d'autres avec les pays balkaniques dont la Fédération Yougoslave. Autant les choses étaient simples avec les pays scandinaves, autant, dès qu'on touchait à la Méditerranée, on avait à faire à des situations politiques et commerciales inextricables.

Entrée du Portugal dans le XXe siècle

Le 21 avril 1974, la Révolution des Œillets a mis un terme à la dictature de Salazar. Le Président Castello Branco qui lui succéda, s'empressa, face à la révolte des officiers portugais, de s'exiler au Brésil. Un gouvernement de tendance gauchiste s'installa alors, avec à sa tête, les leaders de la Révolution des Œillets : Melo Antunes et Otelo de Carvalho.

À l'évidence, deux tendances s'affrontaient : l'une qui souhaitait l'influence d'un Parti communiste pour faire du Portugal un pays totalement gouverné à gauche, et l'autre, sous l'influence des banques portugaises et des entreprises privées, un pays susceptible d'adhérer à la Communauté Européenne. Nous devions naviguer entre ces deux alternatives. Le gouvernement Antunes procéda à des nationalisations importantes et à une confiscation systématique des biens des grandes familles portugaises qui possédaient des domaines importants.

Les États-Unis très inquiets de cette situation, et sous l'influence de leur ambassadeur à Lisbonne, avaient tendance à éliminer le Portugal de leur champ d'action. C'est Valéry Giscard d'Estaing lui-même qui prit la décision d'essayer de sauver le Portugal de l'influence communiste, en s'efforçant de faire revenir au pouvoir Mario Suarez, leader socialiste. De son coté, Lord Soames, gendre de Winston Churchill et Commissaire Européen à Bruxelles, fit en sorte que la Commission puisse aider le Portugal sur le plan commercial et économique. Roland de Kergorlay, qui entretenait avec lui des liens très amicaux, constitua une équipe pour réaliser ce plan et me demanda d'y participer.

Les colonels portugais de retour d'Angola et du Mozambique, très préoccupés par cette situation, finirent par basculer progressivement du coté de l'Europe de l'Ouest. Je me souviens de m'être rendu à Lisbonne à l'état-major Portugais, pour expliquer le traité de Rome à une vingtaine de colonels. Ceux-ci, en tenue de combat, avaient déposé leurs mitraillettes à l'entrée de la salle. Les majors portugais posèrent nombre de questions sur le traité, que bien entendu, ils connaissaient mal.

Roland de Kergorlay me confia le Comité de l'Association Portugal - CEE dont le président était le marquis Siqueira Frère. Nous avions un programme chargé qui devait par priorité aborder le problème des sardines et du chêne liège. De son côté, le Portugal avait mis au point un programme de modernisation des autoroutes portugaises qui devait être financé par la Communauté.

Entre-temps, et pour notre chance, Melo Antunes et Otelo de Carvalho perdirent les élections. Ce dernier d'ailleurs, accusé de corruption fut mis en prison. Cette situation nous permit enfin d'opter en faveur du financement d'une autoroute Lisbonne-Porto. Le général

Eanes fut alors élu Président de la République. Une équipe portugaise composée de Siquiéra Frère, de Constancio, Gouverneur de la Banque Centrale Portugaise et de Raquel de Bétancour, se mit au travail en liaison avec nous.

Ce long travail de patience permit au Portugal de préparer sa demande d'adhésion à la Communauté Européenne. Le Portugal ne souhaitant pas être concurrencé par l'adhésion de l'Espagne. Les anglais, qui depuis le XVIIe siècle avaient des liens traditionnels avec le Portugal, appuyèrent également sa demande. Finalement, Mario Suarez, élu Président de la République, put déposer sa demande officielle d'adhésion à la Communauté Européenne. À partir du moment où Mario Suarez fut élu Président de la République, les choses rentrèrent progressivement dans l'ordre et se mirent en place.

Le Portugal voyant que l'Espagne avait fait sa demande d'adhésion au Marché Commun, voulait à son tour se joindre à elle, refusant d'être à la traîne. L'aide de l'Europe de l'Ouest au Portugal a donc été très importante. Il faut signaler qu'elle permit à cette jeune démocratie de s'installer dans le progrès économique du XXe siècle.

La Grande-Bretagne fait souffler un vent nouveau

En 1972, la Grande Bretagne entra dans le Marché Commun, suivie du Danemark et de l'Irlande. L'entrée des Anglais, des Irlandais et des Danois devait apporter un souffle nouveau à la construction européenne. Les relations commerciales devinrent de plus en plus importantes et les négociations commerciales du GATT se développèrent intensément. De la même manière avec l'élection au suffrage universel du Parlement Européen à Strasbourg,

Les Anglais insufflèrent un esprit plus démocratique dans les Institutions. Le groupe Conservateur et le groupe Travailliste britanniques multiplièrent les séances de travail et les débats avec la Commission européenne. Roy Jenkins, fut le premier Président britannique de la Commission. Ancien Chancelier de l'Echiquier, Européen des plus convaincus, il donna à la Commission un caractère plus collégial que ses prédécesseurs.

À cette époque, François Xavier Ortoli, devait remplacer Raymond Barre comme Vice Président de la Commission. Celui ci ayant été rappelé à Paris par Valery Giscard d'Estaing pour devenir ministre du Commerce extérieur d'abord, Premier ministre ensuite.

Les anglais introduisirent également, une communication plus étroite avec la presse et les journalistes en poste à Bruxelles. « Briefings », « meetings », « statements », se succédaient dans la salle de presse de la Commission, qui y gagna un peu plus en clarté et en efficacité.

De même, avec l'entrée de l'Angleterre, les relations entre les États-Unis et la Communauté Européenne devinrent plus importantes. Les États-Unis avaient toujours soutenu du bout des lèvres la construction Européenne qui, dans la mesure où celle-ci prenait de plus en plus de poids sur le terrain politique, gênait en quelque sorte leur leadership mondial. La Crise du pétrole ne fit que renforcer cette position à Washington. Le traité d'adhésion avec la Grande Bretagne fut signé le 22 janvier 1972 à Bruxelles.

Au cours de cette cérémonie, Edouard Heath fut agressé par un militant autonomiste irlandais, qui au moment où il faisait son entrée, dans la salle de séance, jeta sur lui une bouteille d'encre qui se répandit aussitôt sur son costume. Imperturbable quoique très agacé, Heath disparut une demi heure pour se changer et revint signer l'acte d'adhésion, comme si rien ne s'était passé, sous les vifs applaudissements de l'assistance. Vive le flegme britannique ! La présence de l'Angleterre à l'intérieur de la Communauté Européenne allait constituer un nouveau défi pour l'Europe.

Oui aux subventions, non à l'intégration : l'Irlande

Les Irlandais, pour leur part, voyaient avec satisfaction leur économie bénéficier des subventions de la CEE et le développement économique de l'Irlande en fut accéléré. Le problème de l'Ulster n'en fut pas réglé pour autant et la guerre avec le Sinn Fein de Jerry Adams se poursuivit avec férocité. Quant au Danemark, la qualité de sa production agricole, notamment dans le domaine des produits laitiers, constitua une valeur ajoutée au potentiel économique de la Communauté.

La Grèce et le coup d'État des colonels

La Grèce connut une histoire politique bouleversée par l'arrivée des colonels au pouvoir, en 1974. Je me rendis à Athènes pour négocier avec le gouvernement grec un traité d'association avec la CEE, le jour même du coup d'État des colonels. Ce jour là, à Athènes, l'armée grecque nous avait enfermés dans nos chambres ainsi que tous les étrangers qui se trouvaient à l'hôtel de Grande Bretagne. Nous ne pouvions communiquer que de fenêtre à fenêtre. En dehors du ridicule de la situation, nous étions tous vraiment très inquiets.

Je me rendis compte ainsi combien la démocratie pouvait être fragile. En un instant, tout pouvait basculer. Par chance, nous fûmes libérés le lendemain matin. L'emblème que les colonels s'étaient choisis non sans ironie était : « le phoenix renaissant de ses cendres », qui figurait sur tous les lieux publics. La Grèce allait s'enfoncer dans un tunnel obscur pendant les sept années qui suivirent.

J'eu la chance de rencontrer le poète Seferis, grand ami de Kazantzákis, dans l'île de Crête. Nous dînions à Héraklion. Grâce à lui, je découvrais toute la littérature grecque moderne, qui puise ses sources dans l'antiquité mais aussi dans la longue histoire grecque à travers les Balkans et, notamment, les liens très profonds de la Grèce avec la Macédoine. J'aidais mon ami à obtenir un visa pour la Grande-Bretagne où il désirait se rendre et une amitié très solide se noua entre nous.

Lorsque la Grèce put enfin revenir à un régime démocratique, suite au départ des colonels, elle apporta à l'Europe un patrimoine spirituel considérable. Jusqu'à nos jours, les valeurs de l'ancienne Grèce animent les différentes cultures qui composent les pays de l'Union européenne et les leçons de la démocratie athénienne sont toujours présentes dans nos réflexes politiques.

Yougoslavie (suite et fin)

Le Maréchal Tito mourut en 1981. Pendant trois mois, on essaya de le prolonger, en dépit d'une jambe gangrenée qui le faisait horriblement souffrir, les médecins voulant le maintenir en vie par tous les moyens. Ce fut d'ailleurs une habitude avec d'autres chefs d'États, dont le général Franco. Le train qui emportait la dépouille du Maréchal traversa toute la Yougoslavie de Zagreb à Belgrade. Tout au long de ce voyage la foule lui manifesta un attachement réel.

Je fus désigné par la Commission pour accompagner Wilhelm Haferkamp aux obsèques du Maréchal. Nous primes l'avion avec autour du cou, une énorme couronne de fleurs, hommage de la CEE au Maréchal Tito : les fleuristes de Belgrade avaient été totalement dépouillés.

Arrivés sur place, nous sommes allés nous recueillir devant la dépouille du Maréchal qui reposait au Parlement Yougoslave. On nous installa ensuite sur un podium pour assister aux obsèques qui durèrent plus de quatre heures. Le roi Baudouin, Brejnev, le Président des États-Unis, le prince Charles d'Angleterre, le Premier ministre Raymond Barre, les Grecs et les Turcs qui, bien sûr, ne se parlaient pas, formaient une assistance des plus hétéroclite mais non moins imposante.

Des allocutions sans fin en serbo-croate, dont personne d'entre nous ne comprenait mot, furent prononcées à tour de rôle par différents dignitaires de chaque région. Au bout d'un moment, les officiels en ayant par-dessus la tête prirent prétexte de besoins pressants pour s'éloigner dans les bosquets et respirer un peu. Le prince Charles d'Angleterre et le roi Baudouin, durent abandonner leurs épées, et il flotta soudainement dans l'air une ambiance d'école buissonnière.

Nous n'imaginions pas encore, à l'époque, combien la Yougoslavie allait être secouée par l'éclatement de la Fédération et combien les querelles ethniques entre la Croatie et la Serbie et les différents États de la Fédération allaient bouleverser ce pays. L'autorité du Marchal Tito disparue, les conflits se multiplièrent un peu partout, dressant les uns contre les autres. Le conflit du Kosovo est d'ailleurs encore et toujours d'actualité à ce jour et l'Europe, malgré ses efforts, n'a pas réussi à délivrer un message de paix qui soit entendu.

L'Allemagne de l'Est et communisme

En 1980 je me rendis, durant mes vacances, chez mon ami Jacques Gessel, ministre conseiller à l'Ambassade de France à Berlin-Est. J'ai ainsi pu réaliser pour la première fois ce que signifiait le régime communiste en Allemagne de l'Est.

Jacques Gessel habitait une villa diplomatique dans le quartier de Pankov, résidence des dignitaires de l'Allemagne communiste où la vie quotidienne était loin d'être facile. Son voisin était le ministre des Postes de l'Allemagne de l'Est. Un jour que ses enfants jouaient avec ceux du ministre, quelle ne fut pas notre surprise de voir un policier Est-Allemand se diriger droit vers eux et interdire aux enfants du ministre de jouer avec ceux du diplomate français.

Lorsque j'accompagnais mon ami, à la messe le dimanche, je fus obligé de mesurer avec tristesse l'incroyable misère de la population. De vieilles femmes circulaient les jambes enveloppées de bandages en guise de bas et l'on sentait partout une immense détresse. Ceci sans parler de l'atmosphère lourde et sournoise qui régnait partout dans le pays. Les dîners diplomatiques étaient servis par des domestiques qui avaient tous des appareils enregistreurs en poche, avec l'ordre d'enregistrer toutes nos conversations.

L'Allemagne de l'Est avait une tradition historique importante. La Prusse avec Berlin, la Saxe avec Dresde, constituaient des pôles de culture renommés. Je réalisais combien il était nécessaire que nous aidions l'Allemagne de L'Est dans un effort de réunification avec l'Allemagne de l'Ouest. Le mur de Berlin devait disparaître en 1989, le Chancelier Kohl, ardent européen, fut l'artisan de cette réunification, tandis que François Mitterrand craignait encore que l'Allemagne réunifiée devienne une menace pour l'Europe. Il s'est lourdement trompé comme l'a démontré la réussite remarquable de cette réunification.

Bilan de mon action en tant que négociateur

Il est intéressant pour moi aujourd'hui d'établir, avec le recul, un bilan de mon action au sein de la Communauté Européenne depuis mon arrivée à Bruxelles en 1958.

De 1958 à 1976, j'ai successivement travaillé, d'abord pour l'Euratom, ensuite pour le Marché Commun, dans les Cabinets de différents commissaires. J'ai eu quatre patrons, tous de grande envergure : Louis Armand, Étienne Hirsh, Jean-François Deniau et Claude Cheysson. Trois socialistes et un gaulliste. C'est en 1976 que j'ai été nommé Directeur des Relations extérieures à la Commission du Marché Commun.

Travailler pour un cabinet revient à exprimer la pensée d'un autre, en l'occurrence de son patron. Ce n'est qu'en prenant la Direction d'un service qu'on devient son propre maître. Les cabinets sont très utiles sur le plan de la formation et du jugement mais, à un moment donné, une fois devenu complètement rôdé aux affaires européennes, on réalise qu'il est temps de décrocher.

C'est en assumant mes propres responsabilités que j'arrivais à prendre la mesure de mon jugement et de mes capacités de négociateur. Le poste de négociateur est extrêmement délicat. Le négociateur est mandaté par les États membres de la Communauté, d'une part pour vendre à un pays tiers la position Communautaire, et d'autre part aux États membres la position du pays tiers en question. C'est exactement la situation décrite dans un film anglais *La solitude du coureur de fonds*. Déterminer la position Communautaire dans son ensemble prend souvent des mois, voir des années, car avant de s'engager, il faut d'abord que tous les pays se mettent d'accord sur un point précis. C'est pourquoi, réussir un accord avec un pays tiers représente des efforts considérables et répétés. Il faut avoir une conviction européenne solidement charpentée pour résister aux déboires, aux maladresses, aux détournements de situation et au découragement qui viennent parfois vous envahir en cours de négociation.

Quand on se trouve au sein du Cabinet d'un Commissaire français, tout dépend de la bonne ou mauvaise relation que le Commissaire en charge entretient avec Paris. C'est ainsi que je connus des moments difficiles avec Étienne Hirsh, lors de nombreux entretiens, quand le gouvernement français l'a désavoué sur le contrôle de sécurité de l'Euratom. En revanche, quand Deniau prit son poste, le fait qu'il avait la confiance totale de Paris m'a beaucoup aidé dans la résolution des problèmes, et a démontré que la Communauté Européenne était bien une valeur ajoutée à la souveraineté des États membres.

Le traité de Rome, dans son article 113, a créé dans le domaine commercial des politiques communes, telle que la politique agricole accolée à celle de la pêche, permettant de faciliter les transactions avec les pays tiers. C'est grâce à cet article que les négociations commerciales ont pu prendre leur essor dans les différents pays dont j'avais la charge. C'est dû aussi au fait que la compétence de la Commission n'était en rien discutée ou mise en question que j'ai pu en son temps faire attribuer à la Chine l'aide alimentaire dont elle avait tant besoin.

Les réunions du Comité étaient composées des Représentants des États membres dans le domaine commercial. C'était souvent l'occasion de débats très orageux. Les représentants n'en sortaient d'ailleurs pas toujours avec des instructions claires et solides, ce qui ne facilitait pas toujours leurs rôles par la suite.

Pour clore le chapitre des fonctions qui m'avaient été directement attribuées et des résultats que j'ai pu obtenir, je dois avouer qu'il nous a fallu douze ans de tractations et de travail acharné, avant que l'Angleterre puisse faire partie du Marché Commun. Pour l'entrée de l'Espagne, il a fallu attendre seize ans, quant à Chypre, en dépit de tous nos efforts, le problème n'est actuellement pas encore réglé. Par ailleurs, il faut dire aussi que l'aide attribuée à la Palestine a été occultée par la corruption de l'autorité palestinienne. Par contre, à l'exception de la Suisse et de la Norvège, les pays de l'AELE sont tous, comme je l'explique plus haut, entrés dans le Marché Commun.

Si je devais donc faire un bilan de l'action entreprise par la Commission ces dernières années, je dirais que la Communauté a été une formidable valeur ajoutée, dans le domaine commercial et économique, à l'action des États membre.

Sur le plan politique, la coopération politique et la création de la troïka ont donné à la CEE, à partir de 1980, une autorité certaine. Je me souviens encore que, voulant à tout prix, assister aux réunions de la coopération politique sans y être invité, je confectionnais un carton sur lequel était écrit : « Commission de la CEE » et forçais la porte de la réunion. Par cette intrusion, je devenais le 13e participant d'une communauté de 12. On appelait cela, « la 13e chaise ». C'est ainsi que nous fîmes une entrée progressive dans les instances de la coopération politique, et je pense que ce n'est qu'en continuant à forcer cette porte qu'on réussira à en devenir membre de plein droit.

Du côté des Nations Unies, à New York, la situation était identique. À la session plénière de l'Assemblée Générale des Nations Unies, à laquelle j'assistais lorsqu'on traitait le problème de Chypre, j'eu l'occasion de me rendre compte que la coordination européenne fonctionnait très mal.

À Washington, le Congrès était totalement dominé par le lobby grec. Les sénateurs et les représentants américains étaient en effet entre leurs mains. J'étais reçu par les assistants des sénateurs, véritables cow-boys, totalement ignorants des problèmes européens qui, à notre grande surprise et indignation, vous signifiaient la fin de l'entretien en mettant les pieds sur la table.

Cependant, le poids politique de l'Europe augmentait peu à peu et l'entrée de l'Angleterre, qui avait une tradition diplomatique séculaire, nous a aidé à acquérir de l'autorité. Il faut dire aussi que les services secrets britanniques *M6* avaient un réseau de renseignements exceptionnels. J'ai eu l'occasion de le vérifier lorsque j'occupais le poste d'ambassadeur en Chine, au moment de Tienanmen, Les services secrets anglais possédaient les numéros et connaissaient l'état des effectifs de chaque régiment de l'armée populaire autour de Pékin. De même au Tibet, les anglais étaient en possession d'un relevé cadastral de chaque vallée tibétaine. L'Europe politique allait s'affirmer progressivement et l'alliance franco-allemande allait en devenir le moteur essentiel.

Le Président Mitterrand se plia à cette règle en 1983, en acceptant de ne pas sortir du système monétaire européen. Les relations personnelles qu'il établit avec le Chancelier Kohl ont permis au couple franco-allemand de se maintenir, même après la réunification de l'Allemagne.

CHAPITRE V

L'Europe dans les organisations mondiales

Mes premiers pas diplomatiques à Paris : OCDE et UNESCO

En juin 1984, je fus nommé ambassadeur à l'OCDE et à l'UNESCO, où je succédais à Jean-Pierre Leng. Je fus en fait très heureux de retrouver Paris que j'avais quitté en 1958. L'OCDE avait été créée après la guerre pour mettre en œuvre le Plan Marshall. Son Secrétaire Général était à l'époque Robert Marjolin, collaborateur de Jean Monnet, qui devint en 1958 vice-président de la Commission du Marché Commun. Je présentais mes lettres de créance au Secrétaire Général de l'OCDE, Joseph van Lennep, de nationalité néerlandaise. C'était son troisième mandat et, à mon arrivée, il s'apprêtait à partir pour Moscou. Jean Claude Pay lui succéda. C'était un ami de longue date que j'avais connu comme directeur du cabinet de Raymond Barre et gendre de Marcel Jeanney, ancien ministre du général de Gaulle et premier ambassadeur de France à Pékin. Celui ci incarnait au plus haut degré les valeurs républicaines et le sens de l'État français.

L'OCDE était une sorte de club des pays les plus riches de la planète et comptait dans ses rangs les pays de l'Union européenne, les États-Unis, le Japon et certains nouveaux pays, comme la Corée du Sud, le Mexique, l'Australie et la Nouvelle-Zélande. Mais il faut dire qu'à cette époque l'OCDE était surtout sous influence américaine et était certainement devenu le meilleur instrument de prévisions économiques qui pouvait exister après la guerre. De jeunes économistes américains, formés aux disciplines de Milton Friedman, qui sortaient des universités de Princeton, Berkeley et Stanford, formulaient des prévisions à long terme sur la situation économique qui s'avérèrent des plus utiles par la suite.

Ma position, en tant que Représentant de la Commission auprès de l'OCDE, impliquait une coordination permanente des pays de l'Union européenne qui comptait à ce moment quinze États membres. Avant chaque séance du Conseil, nous avions une réunion de coordination. J'avais établi, avec les ambassadeurs des États membre, un climat de confiance qui me permettait de valoriser la position de l'Union européenne, notamment face aux États-Unis et au Japon.

L'OCDE organisait, chaque année, une réunion annuelle des ministres, suivie d'une réception à l'Elysée. Le Secrétaire d'État américain Dean Rusk, qui présidait la délégation, devait se rendre à la Présidence de la République. La réception avait lieu à 18 heures et, immanquablement, le Président Mitterrand arrivait avec 2 heures de retard. Les ministres devaient attendre debout, devant un buffet garni, sans pouvoir y toucher. Le Président arrivait alors triomphalement vers 20 heures, prononçait un discours rapide et quittait ensuite la réception. Mitterrand voulait montrer par là au Secrétaire d'État américain qu'il ne lui accordait pas l'importance que la position de son pays lui donnait.

En plus de mes fonctions de Représentant de la Commission, auprès de l'OCDE, j'étais également accrédité auprès de l'UNESCO, dont le Directeur Général était M. Amadou-Mathar M'Bow. Les américains qui lui reprochaient de favoriser les soviétiques et de mener un train de vie dispendieux, décidèrent de quitter l'UNESCO. L'Amérique fut suivie par l'Angleterre et par Singapour. Les américains mettront 15 ans avant de revenir à l'Unesco, mais c'était déjà un sérieux coup dur pour cet organisme.

La Commission n'avait pas de compétence particulière dans le domaine culturel mais, au titre de la concurrence, elle était intéressée par les problèmes des droits d'auteur, ce qui justifiait mon accréditation auprès de l'UNESCO et me permettait d'avoir une certaine influence sur le processus décisionnel de la culture. En outre, le siège de l'UNESCO, avenue Kleber, était un carrefour de contacts au plus haut niveau. Le successeur du Sénégalais était un espagnol de grande qualité Federico Mayor, avec qui j'entretenais d'excellentes relations. L'ambassadeur de France à ce moment, était Gisèle Halimi, avocate féministe qui militait pour l'égalité des chances.

L'UNESCO constituait un vivier de cultures particulièrement intéressant. J'avais, comme Conseiller culturel, monsieur Stakovitch, qui assurait avec brio la représentation de la Commission auprès de l'Unesco. Originaire de Saint-Pétersbourg, Stakovitch vivait dans un appartement rue La Bruyère, qui avait servi de décor au film de Jean Cocteau « Les parents terribles », et il y régnait encore l'atmosphère un peu trouble que Cocteau avait voulu rendre à son film. Esprit original, ancien polytechnicien de la promotion de Claude Cheysson, Stakovitch avait un carnet d'adresses impressionnant. Il mourut dans un accident d'avion au Costa Rica. Ses obsèques eurent lieu à la Cathédrale russe de la rue Darwin, avec une affluence considérable, dont faisait partie toute la colonie russe de Paris.

Les Bureaux de la Délégation se trouvait rue des Belles Feuilles, près de l'avenue Victor Hugo, tandis que le siège de l'OCDE était situé au Château de la Muette à côté de la rue André Pascal, qui était le nom de théâtre de Rostchild. La ville de Paris avait acquis le Château de la Muette à cette fin. Le Conseil des Ambassadeurs de l'OCDE siégeait dans la merveilleuse galerie qu'André Pascal avait décorée de somptueuses tapisseries de Beauvais. C'était un plaisir chaque fois renouvelé, d'assister dans un tel décor, tous les mercredis, aux réunions du Comité des Ambassadeurs. L'été, des cocktails successifs étaient offerts par les délégations dans les jardins du Château de la Muette. Il y régnait une sorte d'atmosphère de club anglais des plus plaisante.

J'avais une excellente équipe de collaborateurs. Pier Georgio Mazzochi, mon adjoint, était un économiste italien distingué, formé à l'université McGill à Montréal. L'Irlandais, Brian Mac Donald, actuellement chef du Bureau de la Commission à Taiwan, Anne Lagarde archiviste, Sigrund Olivier ma secrétaire personnelle... au total une équipe d'une dizaine de personnes. Deux dossiers importants étaient à l'ordre du jour de l'OCDE : la négociation de l'Uruguay Round et le dossier de l'assurance-crédit à l'exportation.

Sur la négociation, il y avait une confrontation permanente entre les américains et la Communauté Européenne sur la question des subventions agricoles. L'Amérique avait retrouvé un certain crédit, grâce au Président Reagan, qui avait redressé l'économie américaine après la guerre du Vietnam. L'ambassadeur américain à l'OCDE était un ami personnel du président. Il disposait d'un hôtel particulier à la Muette qui comportait une collection de tableaux impressionnistes de très grande qualité. C'était un négociateur avisé avec qui j'ai pu établir une relation amicale et efficace, qui me permit de débloquer le dossier des subventions européennes.

Comme au GATT à Genève, le Représentant de la Commission négociait pour le compte des États membres de l'Unions Européenne. C'est ainsi que j'étais en contact permanent avec mon homologue à Genève : Tran Van Thinh, qui avait été mon adjoint au Marché Commun. Le dossier de l'Uruguay Round se préparait en grande partie à Paris, mais devait trouver sa confirmation à Genève. L'assurance crédit à l'exportation était censée faciliter les avantages que les États accordaient à l'exportation et faisait l'objet d'un contrôle détaillé par les États membres de l'OCDE. L'action de la COFAS, organisme français d'aide à l'exportation, était passée au crible.

Je garde un excellent souvenir de ces quatre années passées à l'OCDE où j'ai beaucoup appris sur le plan de la culture économique. Les relations avec les délégations, se déroulaient d'une manière plus consensuelle, avec moins d'agressivité qu'à Bruxelles, où les intérêts respectifs des États membres se défendaient becs et ongles. En outre, je dois dire que les quatre ans que je passais à Paris se sont déroulés à une période où la situation politique était particulièrement vivante en tenant compte des joutes politiques qui se déroulaient entre la droite et la gauche. Sur le plan privé, j'eu droit à des scènes pittoresques dans l'appartement de fonction que j'occupais avenue Foch.

Du théâtre à domicile avenue Foch

J'occupais un vaste appartement de fonction, au 74 de l'avenue Foch, qui me permettait d'organiser réceptions et déjeuners avec mes collègues. André, mon Maître d'Hôtel Sénégalais, qui était fier comme Artaban d'appartenir à la même ethnie que celle du Président Senghor et qui portait beau, avait un succès fou auprès du personnel féminin des autres ambassades. Il avait d'ailleurs réussi à mettre enceintes pas mal d'entre elles, ce qui ne manqua pas de m'occasionner quelques problèmes auprès de mes collègues. Il rachetait son incontrôlable tempérament par ses remarquables talents de cuisinier qui me permirent d'inviter nombre de personnalités à des repas de qualité.

Au rez-de-chaussée de mon immeuble, habitait Elvire Popesco, qui n'était plus de la première jeunesse mais dont on pouvait entendre la voix tonitruante et le savoureux accent roumain à travers tous les étages. Chaque dimanche, l'acteur André Roussin venait la chercher pour une courte promenade autour de l'immeuble. Le théâtre se poursuivait dans la rue. André Roussin balançait une canne à pommeau d'or, tandis qu'Elvire Popesco, qui avait oublié un peu son français, lui parlait en roumain. C'était émouvant de voir ces deux silhouettes fragiles, qui avaient connu un grand moment de célébrité, se profiler sur les frondaisons du Bois de Boulogne comme deux silhouettes fantomatiques.

Au second étage, habitait le frère du Président Syrien : Hafez el Assad, vêtu de l'uniforme des services secrets de l'armée syrienne (béret noir et tenue de rangers). Il disposait de gardes du corps dans la même tenue. Ses disputes avec son épouse étaient notoires. Non content de vociférer sa colère en arabe, il la poursuivait dans les couloirs un révolver à la main, ce qui ne manquait pas d'ajouter un parfum d'exotisme dans cet immeuble austère et classique. Ses crises de colère ne l'ont pas empêché de disposer d'une collection de tableaux de la plus grande valeur : 2 Picasso, 3 Cézanne et quelques Derain pour ne citer que ceux là. Une nuit, des voleurs escaladèrent le balcon du deuxième étage et après avoir chloroformé le couple, emportèrent toutes leurs toiles. On ne retrouva jamais les coupables. Inutile de vous décrire les vociférations qui retentirent dans tout l'immeuble, lorsque le couple prit conscience de ce qui leur était arrivé.

À l'extérieur, ce n'était pas mieux, les prostitués jonchaient les trottoirs de l'avenue Foch et on ne pouvait descendre dans la rue sans se faire harponner par des travestis en vison, qui ouvraient leurs manteaux d'une manière théâtrale, laissant apparaître, aux yeux des passants ébahis, des attributs inattendus. Situation plutôt gênante lorsque je recevais des officiels.

Le club « Perspective et Réalité »

Je profitais de mon séjour à Paris pour poursuivre mon action dans le domaine de la politique intérieure française. J'avais fondé, en 1974, à Bruxelles, un club : que nous avons appelé « Perspective et Réalité » et qui se proposait de promouvoir le giscardisme dans les milieux européens et particulièrement le milieu français en Belgique. Comme il était interdit d'établir une antenne de partis politiques français à l'étranger, Valéry Giscard d'Estaing m'avait conseillé d'adopter la formule de club.

Le « Giscardisme » reposait sur l'idée que la France devait être gouvernée au Centre et que le libéralisme économique était le moteur même de la croissance économique. C'était en fait la première fois que la France était gouvernée par un libéral. Valéry Giscard d'Estaing pensait que les Comités « Perspective et Réalité », composés de chefs d'entreprise et de notables locaux, l'aideraient à implanter son action en France. La Fédération de ces clubs se situait à Paris, mais comprenait une centaine d'autres répartis en Province. Jean Pierre Fourcade, ministre des Finances en était l'animateur. Le club que j'avais fondé à Bruxelles a été le seul à l'étranger jusqu'en 1980, date où d'autres clubs se sont ouverts à Londres et à New York. Je décidai de jumeler mon club avec celui de Roubaix en France, pour tenter de développer une action commune d'investissement belge dans le Nord de la France et auprès des français de Belgique. Grâce à cette fusion, nous avons réussi une action dans le domaine de la bière et dans celui des travaux publics. Nous avons également contribué à l'élaboration d'une proposition visant à réduire l'âge du vote des français au suffrage universel de 21 ans à 18 ans.

À Bruxelles, j'organisais des débats politiques que venaient animer Michel Poniatowski, ministre de l'Intérieur, François Léotard, ministre de la Culture, et Thierry de Montbrial, Directeur de l'Institut français des Relations Internationales.

Giscard d'Estaing souhaitait moderniser la France. Pour ce faire, il tenta d'accélérer les réformes de société. L'une des plus importantes fut la légalisation de l'avortement en France, réforme pour laquelle Simone Weil s'impliqua personnellement de toutes ses forces. Le club « Perspective et Réalité » participait à cet élan de modernisation, mais Giscard avait souvent tendance à introduire des réformes « gadgets », plutôt que des reformes de fonds. C'est avec une contribution substantielle de la part des français de Belgique et de certains milieux d'affaires belges que j'ai pu aller trouver Victor Chapeau, trésorier de Giscard, pour lui remettre une somme importante qui devait contribuer au financement de la campagne de 1981.

Raymond Barre, Premier ministre et grand argentier

Raymond Barre, qui était devenu Premier ministre, faisait tout ce qu'il pouvait pour éviter une dévaluation du franc. Pendant ce temps, François Mitterrand établissait un programme commun avec les communistes. La droite, pour sa part, était divisée. Le RPR de Chirac, qui conservait une certaine hostilité à son égard, ne vota pas pour lui et l'UDF ne réussit pas à obtenir la majorité. C'est pour toutes ces raisons que Giscard d'Estaing a été battu par François Mitterrand et obligé de procéder lui-même à la dévaluation du franc.

L'arrivée de ministres communistes dans l'équipe de Mitterrand et les nationalisations entraînèrent un climat de méfiance qui se répercuta sur toute l'économie française. On se demande encore comment, en dépit de ses volte-face répétées, le peuple français a pu accorder à François Mitterrand un second mandat.

En débarquant à Paris en 1984, je pris contact avec le Cabinet de Raymond Barre, boulevard Saint-Germain. Celui ci me proposa de participer à sa future campagne présidentielle qui devait avoir lieu en 1988. Je collaborai avec enthousiasme à ce projet avec le Préfet Soustin et le député Alain Madelin. La droite était, elle, aussi divisée, mais le RPR, sous la direction de Jacques Chirac, poursuivait le combat. Élu maire de Paris, il disposait de fonds importants, incluant les cotisations du parti.

Raymond Barre qui était certainement un des économistes les plus compétents de France, n'avait pas les moyens financiers d'un grand parti. C'était un électron libre et, comme Balladur par la suite, il souffrit de cette solitude.

Dans le but de soutenir sa campagne, j'organisais plusieurs dîners à mon ambassade avenue Foch, réunissant les personnalités susceptibles de nous aider. Les sondages le donnaient pour gagnant, mais les chiffres en sa faveur retombèrent assez vite et François Mitterrand gagna les élections en 1988 pour un nouveau mandat présidentiel. La droite avait une fois de plus perdu et Raymond Barre, à mon plus grand regret et celui de beaucoup de français, dut se retirer. Je continuais d'entretenir avec lui une relation des plus amicales. Il m'aida d'ailleurs beaucoup, dans mon choix ultérieur de devenir ambassadeur de l'Union européenne à Pékin.

L'élection présidentielle au suffrage universel suppose une grande cohérence et une majorité à l'Assemblée Parlementaire. La droite a toujours eu de la peine à le faire, étant partagée entre deux courants : l'un bonapartiste autoritaire, l'autre, libéral et décentralisateur.

L'idée européenne a aussi servi de clivage. Le rejet de l'ACED (Association Communautaire Européenne de Défense) a crée un fossé entre gauche et droite. On retrouvera ce même clivage au moment du référendum sur la Constitution où les français voteront « non », pour d'autres raisons que celles du véritable enjeu.

Ce passage à Paris me permit de réaliser qu'il était préférable d'arrêter mon action politique, tout en gardant mes convictions européennes et de poursuivre mon chemin vers un poste diplomatique à l'extérieur de la France. C'est ainsi que mon choix s'est orienté sur Pékin.

CHAPITRE VI

L'Europe dans le monde, en Chine et en Asie

Ouverture de la première ambassade de la CEE à Pékin

Je suis arrivé à Pékin le 18 mai 1988, nommé par la Commission comme premier ambassadeur de la Communauté Européenne en Chine. Je me lançais dans cette aventure en réalisant que bien des choses restaient à découvrir pour bâtir une relation stable et une coopération solide avec ce pays. Celui-ci, en effet, allait évoluer du statut de puissance régionale à celui de puissance mondiale.

En 1975, la Chine avait reconnu la Communauté Européenne, 20 ans avant la Russie. Il y avait eu à ce sujet un échange de lettres entre le ministre des Affaires étrangères Chou En Lai, « le cardinal chinois », et Lord Soames, membre de la Commission européenne. En résumé, les chinois reconnaissaient la Communauté Européenne sur le plan diplomatique parce qu'ils considéraient que l'Europe pourrait être un contrepoids utile aux États-Unis et à l'ancienne Union soviétique. C'était déjà la doctrine d'un monde multipolaire à laquelle la Chine reste fidèle, comme on a pu le constater à l'occasion de la guerre avec l'Irak.

Je me souviens encore de la réflexion de Lord Soames à la lecture de la lettre de Chou En Lai : « C'est bien d'être un contrepoids, encore faut-il être capable de l'être. » C'était un visionnaire. Une semaine plus tard, je présentais mes lettres de créances au Président de la République Yang Shan Kung. Cela se passait dans les salles du palais de l'Assemblée populaire chinoise qui comprend 3000 députés.

Le président chinois était un militaire vétéran de la Longue Marche. Il avait 83 ans, venait de se remarier et ne manquait pas d'humour. Il m'affirma être un ami de Simone Veil et, à la fin de l'entretien, alors que je le complimentais sur la grandeur de l'architecture de l'Assemblée nationale, il me répondit en souriant : « Versailles, ce n'est pas mal non plus ! »

Je percevais, à la suite de cet entretien, deux règles qui président au bon déroulement des contacts avec les chinois : l'importance du protocole et la qualité des relations humaines. Le protocole est la traduction même de ce que l'on représente ; plus il est solennel, plus la personne a de poids. Il suffit de relire les pages que Roger Peyrefitte a consacré à la mission Mac Cartney, premier ambassadeur d'Angleterre en Chine au XVIIIe siècle qui, refusant d'exécuter les neuf prosternations d'usage devant l'Empereur, fut obligé de retourner à Londres.

C'était bien sympathique de voir flotter le drapeau de la Communauté Européenne sur le bâtiment de la délégation de la Communauté à Pékin, mais quand je rendis visite à l'ambassadeur américain Winston Lord, ancien conseiller de Kissinger, qui avait initié le voyage de Nixon en Chine et la reconnaissance de la Chine par les États-Unis, il pointa du doigt le drapeau européen qui flottait à l'avant de la voiture, en me disant : « You have the stars, but we have the stripes. » Un rappel inextinguible de la prédominance américaine dans le monde.

Quatre ans avant de quitter Paris pour Pékin, je m'étais mis à apprendre le chinois en m'appliquant surtout à apprendre le vocabulaire du traité de Rome, celui-ci venant d'être traduit en chinois. Mon professeur, Lou Wang, qui m'avait été recommandé par le Quai d'Orsay, était un excellent linguiste marié à Sylvie Servan-Schreiber. Journaliste à RFI (Radio France Internationale), Lou Wang possédait un excellent français et avait pu commencer à débrouiller pour moi les premiers mystères de la langue chinoise. C'est grâce à lui que j'ai pu, à mon arrivée à Pékin, me sentir à l'aise dès mes premiers entretiens. Par la suite, j'ai eu la chance d'avoir comme professeur Yu Chi Long, qui fut pour moi un mentor de grande qualité. Il appartenait à une dynastie de calligraphes, dont il était le 38e représentant, et incarnait ce que la culture chinoise pouvait offrir de mieux. Ancien acteur de l'opéra de Pékin, il avait une voix de ténor remarquable. Il lui arrivait même de me chanter la leçon en chinois. Grâce à lui, je pénétrais les dédales de la civilisation chinoise, enseignements qui me furent très précieux par la suite. Il m'expliquait, par exemple, d'une manière détaillée, la guerre des trois royaumes. Ayant été l'interprète de tous les ambassadeurs de France, il avait fini par nouer des liens d'amitié avec chacun d'entre eux. On raconte même que, lors de ses séjours à Paris, lorsqu'il rentrait à la brasserie Lipp, une partie de l'assistance se levait pour l'applaudir. Il avait été en effet l'interprète de tous les officiels de marque en Chine, de Valéry Giscard d'Estaing à Jacques Chirac en passant par Georges Pompidou. Je garde encore avec lui une relation amicale et régulière.

Pour le vocabulaire courant, j'avais recours à mon chauffeur chinois, mandchou du Nord qui, lorsque je lui demandais par exemple de me conduire à une ambassade me déposait devant un hôpital ; il a fallu un certain temps pour arriver à une meilleure coordination. Au bout de deux ans, je commençais à me débrouiller tout seul, ce qui m'a évité de rester confiné dans le ghetto diplomatique et m'a permis d'être invité par des chinois chez eux, de rencontrer des professeurs d'université, des journalistes et d'autres catégories sociales que celle des fonctionnaires.

En assistant aux réunions hebdomadaires des 12 ambassadeurs des États membres, je pris vite conscience qu'il fallait être une valeur ajoutée à ces réunions. J'informais donc les ambassadeurs sur la position chinoise à l'OMC et obtenais en retour toutes sortes d'informations politiques, ce qui me permettait d'être pleinement associé aux réunions de la troïka. Les Chinois avaient installé les ambassades occidentales dans un nouveau quartier : San Li Thun. Les locaux étaient tous similaires et s'alignaient les uns à coté des autres, comme des petits soldats de plomb, salon à gauche, salle à manger à droite et tout à l'avenant.

Une aiguille dans une botte de foin

Avant d'occuper mon poste, je cherchais un fonctionnaire susceptible de s'exprimer en Chinois et de m'assister en tant que ministre-conseiller. Dans ce but, j'ai feuilleté l'annuaire de la CEE et suis tombé sur le seul nom chinois que j'ai trouvé parmi les milliers de fonctionnaires de la Communauté : David Ting. Ce français d'origine chinoise était né à Shanghai en 1945, qu'il avait quitté pour Taiwan et s'était ensuite installé en France où son père avait ouvert un restaurant chinois dans le 14e arrondissement. Il avait fait ses études de doctorat en droit à l'Université de Nanterre et avait été reçu parmi les premiers au concours de la Commission. Cela m'a incité à le désigner comme mon futur collaborateur. Un choix que je n'ai jamais eu à regretter par la suite. Ting connaissait tous les arcanes de la société chinoise. Formé au raisonnement confucéen, il savait par exemple immédiatement si un de mes interlocuteurs était en train de me mentir et me le signalait aussitôt. À cette époque, mon équipe était très restreinte. Ma collaboratrice immédiate était une irlandaise, Imelda Mac Mahon, qui gérait toutes les questions administratives, (son mari étant directeur de la Société générale à Hong Kong, cette proximité, lui convenait). Nous n'étions donc encore que trois, logés à l'hôtel Sheraton où nous disposions de deux bureaux.

Chargé par la Communauté Européenne d'implanter sa première ambassade à Pékin, j'obtins progressivement du gouvernement chinois l'attribution de bureaux en dehors de l'hôtel Sheraton où je logeais. Ce n'est qu'après les évènements de Tienanmen que je pus emménager dans l'ancienne ambassade d'Australie qui nous avait été affectée. Les australiens étaient en train de construire une nouvelle ambassade qui comportait également une résidence, mais jugeant que les travaux de restauration demanderaient une durée de trois ans et n'ayant pas le temps de les suivre, j'ai préféré ne pas l'occuper.

Il existe un véritable défi dans le fait de créer un nouveau poste et d'implanter une délégation dans un pays comme la Chine, où tout est différent de chez nous. Les réglementations sont très sévères et le personnel chinois qui travaille pour les ambassades est totalement inféodé au Parti communiste. C'est ainsi que j'appris que mon chauffeur avait une réunion tous les samedi matins durant laquelle il devait rapporter au parti le programme exact de mes activités de la semaine.

Des puces électroniques étaient dissimulées sous nos tables et faisaient que nous étions sur écoute en permanence. Quand je recevais un visiteur important, je devais, comme dans les romans policiers, faire couler les robinets de la salle de bain ou aller dans le jardin pour nous soustraire aux écoutes. En dépit de ces inconvénients, on finit par s'habituer à ces coutumes qui nous rendent complètement transparents et nous poussent insensiblement à se plier à ce nouveau comportement, tout en restant très prudent et économe de nos gestes et de nos paroles. Vivre dans une société communiste modifie profondément votre comportement extérieur. Ceci est tellement vrai qu'en rentrant en Europe je devais mettre chaque fois un certain temps avant de parler librement et de m'habituer à une liberté retrouvée.

La situation politique lors de mon arrivée

Le problème politique de la relation avec la Chine devait se poser rapidement à l'occasion des évènements de la place Tienanmen du 4 juin 1989. L'intervention de l'armée chinoise qui entraîna la mort d'environ 1500 étudiants sur la place, secoua le monde entier et mis en évidence plusieurs facteurs. Deux forces gouvernaient la Chine : le Parti communiste et l'armée. Les étudiants réclamaient une réforme du parti et souhaitaient des élections libres impliquant le pluralisme politique. Requête inacceptable pour le parti qui, voyant son monopole remis en cause, demanda aux militaires d'intervenir. Le Secrétaire Général du parti de l'époque, Zhao Zheyang, dut démissionner et un nouveau Secrétaire Général, le shanghaien Jiang Zhemin, fut désigné. Deng Xiao Ping qui avait déjà 87 ans et qui gouvernait dans l'ombre, décida tout de même d'accélérer la réforme économique et la transition de l'économie planifiée à celle du marché.

Les douze États membres de l'Union européenne décidèrent de geler leur relation avec la Chine. Cela dura un an, et la coopération économique et commerciale ne put reprendre le dialogue avec la Chine qu'à la suite d'une réunion au Luxembourg des douze ministres des Affaires étrangères de l'Union européenne, en septembre 1990. Tienanmen avait mis en évidence un facteur important : l'absence de dialogue politique avec la Chine. La Chine maoïste avait vécu en autarcie et avait finalement peu de contacts avec le monde extérieur, ceci tandis que le débat entre conservateurs et réformateurs continuait à se dérouler à l'intérieur des sphères dirigeantes du parti, de manière feutrée.

L'organisation du service d'interprétation chinoise était excellente. Les chinois ont un système d'interprétation consécutive et non simultanée comme chez nous. L'interprète traduit une fois que l'orateur s'arrête pendant quelques minutes. Ce système permet à l'orateur de bien réfléchir à son exposé et surtout d'éviter des malentendus linguistiques très nombreux en Chine. La retransmission d'un texte en consécutif est certainement plus pratique dans les débats en séance publique, mais il est clair que le simultané a l'avantage de la confidentialité. Les Chinois resteront très attachés à leur système, qui convient en outre à une langue complexe où les erreurs de traduction sont souvent l'occasion de graves malentendus.

Mes débuts avec l'élite au pouvoir

Je commençais mes visites protocolaires avec les autorités chinoises et les différents ambassadeurs en poste à Pékin. Il faut savoir qu'il y avait à cette époque 140 ambassades à Pékin. Je devais entrer en contact avec à peu près la moitié d'entre elles. En deux mois, je réussis à avoir une quarantaine d'entretiens avec les autorités chinoises et avec environ 80 ambassadeurs étrangers. Du coté Chinois, je commençais par le Premier ministre Li Peng qui résidait à Zhong An Nai, près de la Cité Interdite, dans un pavillon qui avait été celui où avait habité Mao Tsé Tung. À l'intérieur de Zhong An Nai, il existait un protocole quasi impérial ; les voitures ne pouvaient y entrer qu'après un contrôle très sévère.

Li Peng avait été ministre des Eaux et c'est lui qui avait été l'initiateur des barrages des Trois Gorges. J'avais avec moi, une lettre d'introduction de Jean Pierre Leny, Président de Framatome qui, à cause du programme nucléaire, avait une relation personnelle avec le Premier ministre. Cela me permit d'obtenir une audience personnelle et un ton bienveillant de sa part durant l'entretien. Sa rivalité avec le Secrétaire Général du parti, Zao Zhe Yang, était connue et devait éclater au moment des évènements de la place Tienanmen.

La Fille de Zao Zhe Yang qui travaillait au Sheraton comme directrice des achats, m'aida par la suite à rencontrer son père, ce qui me facilita les choses. J'avais enfin une introduction auprès du Parti communiste. Li Peng était très attentif aux relations avec la Communauté Européenne. Il souhaitait beaucoup que les anglais quittent Hong Kong et il me dit d'entrée de jeu qu'il espérait que les États membres feraient pression sur l'Angleterre pour que Hong Kong soit rétrocédé à la Chine. Il me fit un long exposé sur la guerre de l'opium et s'étendit sur la façon dont l'Angleterre avait utilisé l'opium pour intoxiquer l'élite chinoise au XIXe siècle. Je sentais chez lui une blessure qui était celle de l'histoire d'une Chine affaiblie à la fin de l'Empire Quing, quand les pays comme la France, l'Angleterre, l'Italie et le Japon s'arrachaient les concessions et occupaient les quartiers entiers de Tian Jin, de Changhai et de Canton. C'était la Chine décrite par des écrivains comme Paul Claudel, Victor Segalen et Saint-John Perse. Plusieurs fois, dans les conversations avec les autorités chinoises, reviendra le leitmotiv de la question des concessions étrangères et je crois que l'Europe d'après-guerre, qui avait libéré ses colonies, avaient de ce fait les mains plus libres pour entamer un dialogue d'égal à égal avec la Chine.

Je rencontrais le ministre des Affaires étrangères Quian Chi Chen et son adjoint Zhou Nan. Il m'indiqua qu'il pensait que la Chine devait avoir un dialogue politique avec l'Europe et ne pas se contenter de relations purement économiques et commerciales. Zhou Nan me cita des vers de poètes chinois et je compris tout de suite que, dans les conversations chinoises, il était utile de procéder par images et par symboles. Je rencontrais ensuite le ministre du Commerce extérieur et là nous primes des dispositions pour organiser la prochaine cession du Comité mixte : Chine - CEE qui aurait lieu en juin 1989. C'est-à-dire au moment de Tienanmen.

Inauguration de la « Délégation CEE » à Pékin

Willy De Clercq vint à Pékin pour inaugurer l'installation de la Délégation de la Commission en octobre 1988. Je donnais en son honneur une grande réception à l'hôtel Sheraton où défilèrent 4 000 personnes. Les cocktails chinois consistent, en fait, en cocktails dinatoires. Une interminable file d'invités attendent patiemment, devant les marmites bouillantes de canard de Pékin et de riz fumant, que le signal leur soit donné. Il n'est pas rare de voir les invités repartir avec des sacs remplis de nourriture pour leurs familles. Il ne faut pas oublier que la Chine a été le pays des grandes famines et que la nourriture tient une place majeure dans la vie quotidienne des chinois. Ce cocktail fut une réussite et Willy De Clercq et sa femme, repartirent enchantés de leur visite.

Willy De Clercq, député libéral flamand de Gand, avait été ministre des Finances avant de devenir Commissaire des Relations extérieures au « Marché Commun ». Il avait une grande expérience des relations internationales et un caractère très jovial, ce qui en faisait un interlocuteur sympathique pour les chinois. Nous signâmes l'accord de siège qui permit l'implantation de la Délégation à Pékin. Les Chinois s'engageaient dans cet accord à ce que les bureaux de la Commission soient implantés rapidement.

La Délégation se composait, en dehors de David Ting, mon adjoint, et de notre comptable Imelda Mac Mahon, d'un anglais chargé de l'aide au développement et d'une jeune italienne responsable des relations avec la presse. Mariée à un chinois, celle ci s'exprimait parfaitement dans cette langue. J'avais recours par ailleurs à du personnel local, notamment des fonctionnaires du ministère de l'Agriculture compétents pour les projets agricoles que nous avions en coopération avec la Chine. Ces fonctionnaires étaient souvent d'anciens militaires. Il m'arrivait parfois d'accompagner l'un d'eux au stand de tir de l'armée chinoise près de la Grande Muraille, où ils avaient l'habitude de s'exercer. C'était un club où l'on tirait au revolver et à la mitrailleuse.

À la cantine du club défilaient les délégations des pays qui venaient acheter des armes en Chine. Je remarquais que la kalachnikov était spécialement prisée par les Iraniens, les Syriens et les Nord-Coréens. C'était un lieu intéressant à fréquenter d'où je ressortais avec une provision d'informations. Dans une toute autre ambiance, à côté du stand de tir, existait encore, au pied de la Grande Muraille, le verger de l'ancienne impératrice de Chine : Pseu Shi, dont on disait qu'elle avait la beauté des laides. Dans ce verger célèbre, je prenais un grand plaisir à me promener en essayant de digérer toutes les informations que j'avais accumulées, tout en procédant à une cueillette de pêches spécialement délicieuses dans ce jardin d'Eden.

Une mosaïque de perceptions

Je poursuivais mes visites aux différents ambassadeurs. Chaque ambassade était révélatrice d'un monde bien particulier, avec une vision spécifique de la Chine, vue au travers de la lorgnette de leur pays. L'ambassadeur des États-Unis, Winston Lord, était un familier de la Chine. Il avait épousé une charmante chinoise, Bao Ling, qui lui facilitait ses contacts avec les chinois. Il avait été chef de cabinet de Kissinger et l'avait accompagné en Chine lorsque, en 1974, les États-Unis reconnurent ce pays. C'est également lui qui avait facilité le voyage de Kissinger, quand celui ci prit la liberté, alors qu'il se trouvait en visite officielle au Pakistan, de s'embarquer pour la Chine à bord d'un avion de la US Air Force. Ce fut un grand moment de l'histoire car, les États-Unis ne soutenant plus Taiwan, la Chine allait occuper le siège au Conseil de Sécurité des Nations Unies que Taiwan occupait précédemment.

L'Ambassade américaine à Pékin, était immense, ce qui lui permit d'abriter plusieurs dissidents chinois, au moment de Tienanmen l'un d'entre eux, un professeur y resta près de 6 mois, caché à l'infirmerie.

Poursuivant mon tour d'horizon des ambassadeurs accrédités, Je rencontrais un prince russe membre du Comité Central du Parti soviétique qui avait fait ses études à Washington. Son père avait été le premier ambassadeur soviétique aux États-Unis, lorsque ceux-ci reconnurent l'Union soviétique en 1933. Il avait été le camarade de classe de Dean Rusk, Secrétaire d'État du Président Carter, et avait une connaissance approfondie des États-Unis. Il m'accueillit aux pieds de son énorme ambassade, en me disant avec beaucoup d'humour : « Welcome to my railway station ! » L'Ambassade comportait également une chapelle orthodoxe construite au temps des tsars.

L'ambassadeur reçut au moment de Tienanmen, Gorbatchev et Raïssa et donna en leur honneur un grand dîner avec de nombreux membres des partis soviétiques et chinois. La réception à laquelle j'assistais se déroulait dans une grande galerie où trônait un immense samovar en argent ayant appartenu à l'un des nombreux amants de Catherine II. Ce samovar servait de récipient au caviar qui était servi à la louche.

Le contact que j'eu avec Roger Combal, ambassadeur de France, fut des meilleurs. Ce diplomate distingué avait meublé son ambassade avec un goût parfait. Il m'accueillit avec une très grande chaleur et nous avons entretenus des relations des plus amicales.

L'ambassadeur de Grande Bretagne avait servi en Indonésie et, comme beaucoup d'anglais, était un grand spécialiste de l'Asie. Il parlait un chinois excellent, ce qui lui facilitait les contacts à bien des égards. L'ambassadeur des Pays-Bas avait été élevé à Shanghai où son père était consul et il se souvenait encore de l'époque des concessions où, à l'entrée des parcs municipaux de Shanghai, une pancarte affichait : « interdit aux chinois et aux chiens. » Lui aussi parlait parfaitement le chinois.

Mon poste d'ambassadeur de l'Union européenne en Chine aurait pu poser des problèmes auprès des ambassadeurs européens, dont chacun était censé représenter son pays. Voir une autre autorité chapeauter leurs secteurs d'activités n'était pas évident, mais c'était loin d'être le cas, car je me gardais bien d'empiéter sur leurs plates-bandes en faisant tout mon possible pour leur apporter aide et soutien amical.

Au sein de ces 140 ambassades à Pékin, il y avait bien sûr différents groupes. Le groupe des occidentaux composés de l'américain, du canadien et des européens ; le groupe des ambassadeurs arabes, celui des latinos américains et le groupe des pays asiatiques. Je pris l'habitude de fréquenter en priorité les ambassadeurs asiatiques. L'ambassadeur de Thaïlande était un homme de grande qualité qui appartenait à la famille royale thaïlandaise et parlait le Khmer royal.

L'ambassadeur du Pakistan avait des liens très solides avec les chinois. Les pakistanais recevaient déjà, à cette époque, des informations dans le domaine nucléaire. Informations qui leur ont permis de construire, en temps voulu, une bombe nucléaire en concurrence avec celle de l'Inde.

L'ambassadeur de l'Inde, de par le fait que le Dalaï-lama s'était réfugié à Dar el Salam, avait beaucoup de difficultés avec les chinois. Trois guerres entre la Chine et l'Inde, avaient fortement éprouvé les relations entre les deux pays. Le combat sur les crêtes de l'Himalaya n'était pas terminé, surtout que les chinois enterraient leurs stocks de missiles dans les montagnes de l'Himalaya. C'est d'ailleurs une des raisons pour lesquelles les chinois se sont montrés, et se montrent encore, inflexibles vis à vis du Tibet.

Les ambassadeurs arabes jouaient un rôle important. Le Représentant de la Palestine était un chrétien qui, pendant la guerre du Golfe, milita en faveur de Saddam. Des posters de Saddam étaient affichés dans les mosquées, et tout cela préoccupait beaucoup les chinois, surtout à cause des minorités musulmanes du Turkestan chinois. Arafat est venu à plusieurs reprises à Pékin et les ambassadeurs arabes ne manquaient jamais de m'inviter à cette occasion. Leurs réunions commençaient chaque fois par d'interminables prières. Je redoutais ces invitations car Arafat ne manquait jamais de me sauter au cou et de m'embrasser à bouche que veux-tu, ce qui était loin d'être agréable.

Toutes ces rencontres diplomatiques et cette énumération fastidieuse d'ambassadeurs veulent seulement démontrer que le monde, vu de Pékin, était totalement différent de celui qu'on pouvait imaginer à partir de Washington, Londres ou Paris. La Chine, pays colossal par son nombre d'habitants, ses ressources et sa civilisation millénaire, prenait une telle dimension par rapport aux évènements, que l'interprétation que pouvait en faire les occidentaux devenait totalement différente.

Une perception différente des événements

Des évènements tels que « La guerre du Golfe », ou la « Chute du mur de Berlin », ont certainement été perçus en Chine d'une autre façon qu'en Occident. La guerre du Golfe, par exemple, a été pour les chinois un incident mineur, les chinois ayant négocié leur abstention au Conseil de Sécurité des Nations Unies. Le Représentant chinois ne s'est intéressé à la guerre du golfe que dans la perspective d'une vente d'armes.

La Chine, qui se considère comme une puissance régionale, ne désire pas encore jouer un rôle de puissance mondiale. Un évènement tel que la chute du mur de Berlin, par exemple, a curieusement consolidé le régime chinois. En effet, les chinois, qui détestaient Gorbatchev, étaient convaincus que celui-ci avait été d'une maladresse totale en voulant réformer le Parti communiste de l'intérieur. Ils estiment que la corruption a gangrené le Parti communiste soviétique. Il faut bien dire que la corruption n'est pas une exclusivité russe et qu'elle existe aussi bien parmi les instances du Parti communiste chinois. Curieusement, le monde vu de Pékin est un monde immobile. La Chine, depuis 5 000 ans, considère qu'elle est le centre de ce monde et qu'elle doit évoluer lentement, au rythme confucéen.

La vie de tous les jours à Pékin

La vie à Pékin nécessitait une adaptation quotidienne, mes journées étant extrêmement chargées. Je me levais à 6 heures 30 du matin, me rendait au bureau à 8 heures, parcourait les dépêches et dictait mon courrier. La matinée se poursuivait en rendez-vous et réunions de toutes sortes. J'avais tous les jours un déjeuner de travail avec un fonctionnaire chinois ou un ambassadeur étranger, et les après-midis se passaient en démarches administratives de toutes sortes dans les différents ministères chinois. C'était un tour de force que je devais entreprendre personnellement, chaque formalité exigeant des tonnes de papiers, de signatures et surtout de patience. La soirée se terminait par deux ou trois cocktails et un dîner. Pour ne froisser personne, je passais de l'un à l'autre, faisant acte de présence partout. Il m'arrivait parfois de prendre l'apéritif dans une ambassade, le premier plat dans une autre et les plats qui suivaient dans les différents endroits où j'étais convié. Le fait que les serviteurs chinois étaient obligés de rentrer chez eux à bicyclette avant la tombée de la nuit, raccourcissait ces réunions, qui devaient toutes se terminer 18h30.

Les distances en Chine étaient interminables et le trafic des plus compliqué, compte tenu du nombre de bicyclettes en circulation. On n'avait pas encore de portables à cette époque et, pour obtenir une communication, surtout avec l'étranger, il fallait être magicien. C'était l'enfer. Les journaux étrangers, même *l'Humanité*, étaient interdits. Seule la télévision chinoise était admise et on peut imaginer que presque tous les programmes consistaient à faire de la propagande. On pouvait toujours essayer de capter la BBC de Hong Kong, mais celle-ci était pour la plupart du temps brouillée. C'est dire si les distractions ne pleuvaient pas et que les soirées étaient interminables.

Quand le dimanche arrivait enfin, j'allais assister à la messe. Cela me permettait de rencontrer les ambassadeurs francophones avec qui je pouvais échanger mes impressions. En rentrant chez moi, j'écoutais des cassettes de Bernard Pivot que je me faisais envoyer par la valise diplomatique. Cette dernière contenait parfois, en dehors du courrier et grâce à la gentillesse de mes anciennes secrétaires, fromages et chocolat attendus comme le messie.

À l'époque, à Pékin, on ne pouvait manger que chinois. Ce n'est que bien plus tard que commencèrent à s'ouvrir restaurants italiens et français. J'allais donc faire mes courses à Hong Kong où je pouvais enfin retrouver un peu d'atmosphère européenne. Je me souviens encore de mon premier week-end à Hong Kong, trois mois après mon arrivée à Pékin. Ce fut pour moi une véritable bouffée d'air frais. J'y retrouvais également une de mes filleules qui travaillait à l'UAP. Ces retrouvailles ajoutaient à ma joie, et me procuraient un peu de cadre familial des plus réconfortant.

Il faut admettre qu'à Pékin le vide culturel était total. En dehors de l'opéra de Pékin et de quelques démonstrations acrobatiques dans lesquelles, tout le monde le sait, les chinois excellent, il n'y avait pratiquement pas de spectacles. Les concerts avaient lieu dans des salles non chauffées l'hiver. On entendait les fauteuils craquer et les enfants courir entre les travées sans que personne ne songe à les retenir. L'enfant est roi en Chine, surtout si celui ci est unique, et davantage encore si c'est un garçon. Il faut dire aussi que les chinois ne constituent pas un public des plus attentifs. Quant aux librairies, en dehors d'ouvrages à la gloire du parti et ceux destinés aux chinoises désirant se faire débrider les yeux, il n'y avait pas grand-chose à se mettre sous la dent.

Lorsqu'au bout de trois longs mois, on m'annonça enfin, l'arrivée de mon déménagement, j'étais fou de joie. Je me rendis immédiatement à Tian Gin en vue de dédouaner mes caisses. Tandis que je regardais la grue qui les manipulait, je tremblais de peur en voyant la caisse contenant ma collection des livres de la Pléiade se balancer dangereusement au-dessus de la mer, ceci d'autant plus que j'avais appris que le Conseiller allemand avait assisté, impuissant, au naufrage de toute sa bibliothèque, engloutie par maladresse dans les flots de la mer jaune.

La solitude culturelle dans laquelle je me trouvais était heureusement, compensée par la découverte que je faisais de Pékin et de son centre historique qui est d'une très grande beauté, sans parler de sa multitude de trésors architecturaux. Le quartier de la Cité Interdite, avec ses rotondes hutong, ses villas aux toits recourbés et ses cours intérieures pleines de charme. J'aimais me promener le long des lacs de Beihai qui, gelés l'hiver, servaient de patinoire aux chinois. Les patineuses portaient des jupes noires parsemées de pastilles blanches qui scintillaient dans la lumière du soir. C'était un spectacle très coloré de les voir glisser avec grâce, le long des douves de la Cité Interdite. J'en profitais pour me rendre dans un restaurant de la ville réputé pour ses menus restés fidèles à l'ancienne cuisine impériale.

Dans l'ensemble, à Pékin, le ciel était d'une luminosité intense. Il était rare que le soleil nous fasse défaut, en dépit parfois d'un froid intense allant parfois jusque moins 30 degrés. Voir la Cité Interdite sous la neige est un spectacle d'une rare beauté. Je crois y être allé plus de 400 fois. Le Temple du Ciel, avec sa dalle de marbre et ses toits bleus vernissés, offrait un spectacle superbe et on ne pouvait qu'admirer le temple de Confucius qui arborait des stèles représentant les résultats des examens impériaux. Examens qui devaient aboutir au mandarinat, l'équivalent en Chine, de l'ENA.

Des ruses de Sioux pour choisir ses amis

Les fonctionnaires ne m'invitaient jamais, de crainte d'être dénoncés par leur chef d'îlot. Par contre je parvins petit à petit, et à force de patience, à nouer des relations avec des professeurs d'université et des journalistes chinois qui devinrent par la suite de vrais amis. Je commençais par aller dîner chez eux, en prenant bien soin de faire arrêter ma voiture à trois blocs de l'endroit où résidaient mes hôtes, de manière à ne pas leur porter préjudice. Je gravissais ensuite l'escalier de leurs modestes immeubles, au milieu d'une multitude de vélos et de poubelles, de manière à éviter le chef d'îlot planté dans l'ascenseur, qui filtrait les visiteurs papier en main, et je parvenais enfin chez mes hôtes le cœur battant. Ceux ci vivaient la plupart du temps dans 60 m^2 qu'ils partageaient avec : mère, belle-mère, oncle et l'unique enfant auquel ils avaient droit. Chacun d'entre eux ne disposant que de 2 ou 3 mètres carrés d'espace habitable. Le matin, leurs lits étaient suspendus le long du mur pour faire de la place. Un seul robinet servait à la fois aux besoins de la cuisine et de la douche pour toute la famille.

On m'invitait à m'asseoir autour d'une table, lieu central de l'espace familial, sur deux escabeaux (privilège dû à ma grande taille) et je partageais le repas familial ravi d'échapper aux nombreux cocktails diplomatiques presque toujours copie conforme. J'ai réussi à me faire un ami d'un professeur d'histoire diplomatique. Celui-ci, en dehors de la sympathie que je lui témoignais, m'était très précieux, car il me communiquait les comptes rendus des réunions de la cellule du Parti communiste à laquelle il appartenait. Cela me permettait de pouvoir rendre compte à Bruxelles de l'état des négociations entre la Chine et l'OMC. Il s'asseyait en silence devant la table et m'écrivait en anglais son texte dans la plus grande discrétion, compte tenu des puces éventuellement collées sous la table. Tout cela se passait dans une atmosphère des plus cordiales.

Les relations que j'avais établies avec ces quelques intellectuels chinois me permettaient d'obtenir des informations de première main. Vers 9 heures 30, je quittais mes amis, tandis que leur fille de trois ans et demi prenait ma place pour prendre sa leçon de calligraphie en tirant la langue d'un air appliqué.

Je rentrais chez moi à l'hôtel Sheraton à travers les rues glaciales de Pékin, heureux d'avoir découvert un peu de vérité, dans cette ville si énigmatique. La Délégation de la Commission Européenne en Chine commençait ses fonctions sous d'heureux hospices : soixante millions de dollars ayant été attribués par les États membres pour l'aide au développement chinois. Il fallait donc utiliser cette aide au mieux, en examinant les secteurs qui pouvaient intéresser réciproquement et la Chine et l'Europe.

Deux priorités : la formation et l'agriculture

En discutant avec les instances responsables à Bruxelles et en me concertant avec les États membre, j'identifiais deux secteurs susceptibles d'être aidés : la formation d'une part et le développement agricole de l'autre. Concernant le domaine de la formation, j'engageais plusieurs entretiens avec différentes universités en Europe : la London School of Economics, l'Université de Louvain, l'École des Hauts Études Commerciales de Paris, l'Université John Hopkins de Bologne. Je découvrais en même temps qu'il y avait une pénurie d'ingénieurs chinois dans le domaine du management.

Les américains avaient su créer un « network » entre les universités américaines et la Chine. L'Europe n'avait encore rien fait dans ce domaine. Je débutais donc mes fonctions en décidant d'instaurer un programme de stages qui serait réservé à de jeunes chefs d'entreprise chinois ou à des étudiants post-gradués. Ces stages de six mois devaient se dérouler dans différentes entreprises telles que : Fiat, Mercedes, LVMH et autres. 180 stagiaires seraient sélectionnés par les entreprises elles mêmes et effectueraient un stage de 6 mois dans l'une d'entre elles, à Milan, Paris, Bruxelles ou autre ville européenne. Lorsque les évènements de Tienanmen surgirent, le 4 juin 1989, sur les 180 stagiaires bénéficiaires, 40 d'entre eux décidèrent, à leurs risques et périls, de rester en Europe.

J'ai été convoqué par le ministre de la Sécurité chinoise, et j'ai eu un mal fou pour parvenir à maintenir ce programme en dépit des évènements. Le ministère des Affaires étrangères m'intima à plusieurs reprises l'ordre de le suspendre. Il a fallu attendre 1991 pour que les sanctions à l'égard des chinois commencent à s'atténuer et que nous puissions reprendre ce programme. En 1992, j'accompagnais à Bruxelles le maire de Shanghai, Zhu Rong Ji, qui devait avoir un entretien avec Jacques Delors. Le maire, s'adressant à Jacques Delors lui dit : « La Communauté Européenne aide beaucoup la Russie en vertu de la Perestroïka de Gorbatchev, mais c'est un trou sans fond. Vous feriez mieux de donner cet argent à la Chine. » Jacques Delors, suite aux conclusions que je lui avais communiquées, lui expliqua l'intérêt que représenterait un projet commun à la Chine et à l'Europe, surtout si ce projet consistait à implanter une université de management destinée aux futurs chefs d'entreprises chinois. Zhu Rong Ji finit par acquiescer et décida d'implanter ce projet à Shanghai.

Une université de management à Shanghai

Shanghai était en effet une ville plus familière à l'esprit d'entreprise que Pékin, tournée plutôt vers la politique. Le management, en Chine, n'en était encore qu'à ses débuts. L'économie chinoise commençait à peine à s'ouvrir. Les techniques du marché faisaient leur apparition, dans de nombreux secteurs, tels que la restauration, le textile et les produits de consommation. Cette ouverture du marché allait provoquer un changement des mentalités. Il faut bien reconnaître que le secteur étatique n'avait pas encouragé la compétition et que les entreprises chinoises tournaient au ralenti. Dès qu'un système de prime fut instauré, les mentalités commencèrent à évoluer et un certain dynamisme s'instaura sur le plan des affaires. Je profitais de ce climat favorable, pour créer un premier enseignement de technique européenne du management à l'Université de Shanghai. Le management américain est plus soucieux du profit que le management européen plus axé sur l'investissement intellectuel. C'est cet esprit là que nous avons souhaité introduire sur place au sein de notre future Université européenne.

En arrivant en Chine, j'avais participé à un programme de la CEE visant à la modernisation des entreprises chinoises. Après en avoir visité quelques unes, je constatais que la chaîne du commandement était surchargée. Il y avait beaucoup trop d'effectifs au niveau de la prise de décision. Le Parti communiste avait en effet tendance à engager beaucoup trop de militants et de commissaires politiques en vue de contrôler l'entreprise. Cette pratique ne manquait jamais d'occasionner de sérieux retards à son expansion. En Europe, le fait qu'il il y ait moins de contrôle politique favorise un équilibre entre patronat et syndicat, la notion de syndicat n'existant pas en Chine, toute forme de contestation étant exclue. C'est ainsi que je fis démarrer un premier enseignement de management à l'Université de Shanghai. Celui ci connut un tel succès, que la Communauté Européenne décida d'étendre sa contribution financière à la construction d'une université et d'un campus à Pu Dong, cité satellite de Shanghai.

Le terrain était offert par la Municipalité chinoise. La construction du bâtiment, financée par la Communauté Européenne, coûtait 12 millions de dollars et devait s'étaler sur plusieurs années. Suite à un appel d'offres, l'architecture du campus fut confiée au célèbre architecte Pey créateur de la Pyramide du Louvre. La « Business School de Pudong » existe maintenant depuis 1999. Elle forme chaque année 180 étudiants chinois aux techniques européennes de management. La mise en place de cette université a été confiée à la Société EFMD, dont le siège est à Bruxelles. Celle-ci est toujours dirigée par le Professeur Éric Cornuel et le Recteur de l'université de Barcelone, Pédro Nueno qui assurent son bon fonctionnement. Ce projet constitue une réussite exemplaire de la coopération sino-européenne.

Un véritable défi : faire boire du lait aux petits chinois

Sur un tout autre plan, j'avais constaté que les enfants chinois ne buvaient pas de lait et que cette absence de produits lactés pesait sur leur croissance. Je savais que l'Europe, par contre, possédait un excédent de production laitière. Je pris donc l'initiative de présenter à la Commission un projet laitier qui comporterait la distribution de sacs de poudre de lait à vingt municipalités chinoises. Ces sacs proviendraient de France, de Hollande et du Danemark. En même temps, un programme serait mis sur pied pour initier les entreprises chinoises à la diffusion de ces produits laitiers en Chine.

Modifier les habitudes de consommation d'un pays est une difficulté extrême, surtout quand ce produit ne fait pas partie de sa culture. Je m'attelais donc à cette tâche avec acharnement, convaincu de l'intérêt de ce projet. En dépit de tous les obstacles qui se dressèrent sur mon chemin, je vins à bout de toutes les difficultés et résistances que je rencontrais et finis par parvenir à mes fins, non sans peine je dois l'avouer. La suite me donna raison, car ce projet eut beaucoup de succès. Il n'aura fallu en effet que cinq années pour que les chinois deviennent de grands consommateurs de yaourt fabriqué en Chine.

Le succès de Danone à Shanghai en est d'ailleurs la parfaite illustration. Un autre domaine où l'Europe a une expérience et un savoir-faire susceptible d'intéresser la Chine est l'agriculture. 600 millions de paysans font de ce pays une grande puissance agricole. Malgré cela, la Chine n'est pas auto suffisante, notamment dans le domaine des céréales. Les terres cultivables sont moins nombreuses qu'en Occident à cause de l'érosion. Nourrir les chinois, dans les vingt ans qui viennent sera un problème qu'il faudra traiter avec toute l'attention nécessaire.

Le parcours du combattant

Suite à une étude approfondie, je découvris que mon projet laitier intéressait vingt municipalités. Ceci m'a permis de parcourir une dizaine de provinces chinoises à l'intérieur de la Chine et de découvrir la vie paysanne chinoise dans ses racines les plus profondes. Inutile de préciser que ces voyages ne ressemblaient en rien à des croisières de luxe. Je logeais dans des fermes au-dessus de l'étable, avec pour voisins, veaux, vaches et cochons qui me faisaient savoir que je n'étais pas toujours le bienvenu, ce qui m'occasionnait nuits blanches et lumbagos. Dans le Nord du pays, il m'arrivait même de dormir sur un « gang », lit de brique servant à protéger les braises. Je partageais la soupe chinoise bouillante et le riz gluant avec toute la famille du cultivateur, heureux de pénétrer la vie paysanne chinoise dans ce qu'elle avait de plus vrai et de plus naturel.

Le fait que le gouvernement chinois, en restituant la propriété privée aux exploitants agricoles en 1984, ait évité l'erreur des soviétiques, a été une des raisons du succès de sa politique agricole. Une autre raison vient du fait que la politique de l'enfant unique, appliquée dans les villes chinoises, n'avait pas cours dans les campagnes, les paysans ayant toujours besoin de bras. Grâce à ce projet, j'eu l'immense chance de pouvoir faire du terrain et de quitter le monde diplomatique de Pékin pour découvrir la Chine dans ses racines profondes.

C'est ainsi que j'ai parcouru des milliers de kilomètres, sur des pistes souvent impraticables avec des nids de poule tellement profonds, que mon chauffeur et moi-même, accumulions coups et bosses. De plus, comme les postes d'essence n'existaient pas encore à l'époque, le coffre de la voiture était rempli de bidons d'essence qui ajoutaient au concert de notre traversée. La rusticité de ce voyage était compensée par les superbes paysages chinois que nous traversions, où montagne et fleuve se rejoignaient. Comme le « Shang Shui » immortalisé par tous les peintres chinois. Parvenu dans la campagne chinoise à la tombée de la nuit, le seul moyen de communication dont je disposais, était un petit cheval chinois, sur le dos duquel on me faisait péniblement grimper et, tel Sancho Pansa, j'allais sur ma monture de fortune visiter les fermes avoisinantes. Mes pieds traînaient par terre et mon pauvre cheval, écrasé par mon poids, essayait de faire bonne figure en réglant son trot au rythme des kilomètres qu'il devait parcourir dans la steppe chinoise.

Dormir sous une yourte, (tente chinoise avec le poêle au centre) me changeait totalement de ma chambre du Sheraton. Je rentrais à Pékin fourbu, mais heureux d'avoir pénétré ce pays que je découvrais chaque jour plus complexe et plus proche à la fois.

Les projets que j'avais entrepris dans le domaine agricole me mettaient en relation permanente avec le ministère de l'Agriculture qui, de toute évidence, a une importance considérable en Chine. J'étais souvent invité dans des fermes d'État à des repas pantagruéliques et je dois dire que la cantine de ce ministère s'avérait être une des meilleures cantines de Pékin.

Une expérience terrifiante : la chasse au tigre

C'est ainsi que je fus un jour invité par le ministre de l'Agriculture à une chasse au tigre dans le Nord de la Chine, dans la province Heilonjiang toute proche de la Mandchourie. Nous avions rendez-vous dans une forêt près de Harbin. Le ministre chinois arriva en *battle-dress*. On nous distribua carabines et fusils de chasse. Inutile de dire que je n'en menais pas large. Je n'avais jusqu'ici chassé que le perdreau au Maroc, et l'idée de tirer sur un tigre me terrorisait.

C'était un superbe matin d'automne, la colline avait revêtu sa parure la plus éclatante, une dizaine de sherpas s'affairaient autour de nous. Chemin faisant, au milieu des feuillages pourpres, un sherpa nous alerta soudain en nous montrant quelques poils de tigre qu'il venait de ramasser. Nous avancions précautionneusement, moi tremblant de tous mes membres lorsque brusquement, au détour d'un chemin, nous entendîmes les premiers feulements du tigre en question. Il ne se passa que quelques secondes avant que je ne me je me trouve face à face avec lui. Il était couché sur un rocher au-dessus de moi, ses prunelles dorées me fixant dans la pénombre. Je crus ma dernière heure arrivée et criais à l'aide. Immédiatement, deux sherpas le mirent en joue et l'abattirent (à mon plus grand regret dois-je l'avouer, en dépit de ma peur). Les chinois, qui ne partageaient pas mes goûts pour la protection des félins, poussèrent des cris de joie et se précipitèrent aussitôt sur l'animal pour le dépecer. Ils s'emparèrent de la peau et firent cuire les restes de la viande. C'est ainsi que je mangeais du tigre pour la première fois de ma vie. Manger du tigre en Chine est censé vous redonner de la virilité. À bon entendeur, salut !

Cette chasse au tigre fut suivie d'une visite de Harbin qui est une des villes les plus froides de la Chine. C'est là que se déroule chaque année, en janvier, par moins 30 degrés, le festival de la glace. C'est ainsi que des architectures compliquées et incroyablement artistiques surgissent de la glace. Harbin devient alors un grand Centre d'attraction. Cette ancienne ville russe, rattachée à la Chine après la première guerre mondiale de 1918, recèle encore certains vestiges, dont une Église orthodoxe et quelques bâtiments construits par les tsars au XIXe siècle. On y rencontre curieusement des chinois aux yeux bleus et aux cheveux blonds, résultat sans doute d'un croisement avec ses anciens occupants.

Je reviendrai à plusieurs reprises à Harbin, notamment en 1993 au moment où une grave inondation a fait déborder la rivière. Le maire que j'accompagnai me montra, effondré, des cadavres d'animaux flottant tout au long de la rivière. La Communauté Européenne décida de donner à la Province d'Harbin 500000 dollars que je fus chargé de remettre au maire, ainsi que tout un équipement de tentes et de matériel de secours.

Une accréditation inattendue : ma nomination comme ambassadeur de la Commission européenne en Mongolie

En 1990, les relations diplomatiques ayant été établies entre la République populaire de Mongolie et la Communauté Européenne, je fus aussitôt accrédité comme ambassadeur à Oulan-Bator. Je n'aurais jamais imaginé que je serais un jour ambassadeur européen en Mongolie. Le 15 juin 1990, je quittais Pékin et m'envolais avec mon adjoint anglais pour le Gobi à trois heures de là. Le désert était jonché de squelettes dont les vautours faisaient leurs délices.

En arrivant à Oulan-Bator, je fus reçu par le chef du protocole qui me dit d'entrée de jeu, sans doute pour me faire plaisir : « Ici vous êtes en Europe, nous n'utilisons pas de baguettes mais des couteaux et des fourchettes comme en Europe. » L'influence bouddhiste a beaucoup marqué la Mongolie. Ce pays profondément religieux a subi une occupation russe très sévère. Il y eu d'atroces massacres de moines. Il faut dire que la Mongolie, peuplée de quatre millions d'habitants, pourrait être un paradis pour les écologistes. La forêt est intacte, les rivières pleines de truites et le paysage de la steppe d'une grande beauté.

Le cheval y est roi. Les enfants montent à cheval, sans selle ni étrier, et il n'est pas rare de rencontrer un gosse de quatre ans maîtriser sans problème un cheval des plus fougueux.

La Mongolie est le pays des grandes invasions. C'est lui qui est à l'origine de la prise de Constantinople par l'armée Turque composée de cavaliers mongols. Les souvenirs de Gengis Khan sont encore très vivaces. Son tombeau se trouve en effet à quelques kilomètres d'Oulan-Bator. Le chef du protocole me conduisit à l'Hôtel Lénine d'où je pouvais voir, de ma fenêtre, la statue du Maréchal un doigt accusateur pointé sur moi. Ce face à face hostile n'était pas pour me rassurer. Et comme pour me punir davantage, il n'y avait d'eau chaude que les lundis, ce qui pour un pays dont les températures descendent jusqu'à moins 40 degrés semblait invraisemblable et fort peu convivial. Heureusement que l'on était au mois de juin et qu'il ne faisait pas encore trop froid.

Le soir, je me rendis au bar de l'hôtel. L'atmosphère était des plus étranges. Le barman jouait sur un ordinateur désuet à la bourse de Hong Kong, un agent américain de la CIA se servait de grandes rasades de vodka, tandis qu'un ingénieur anglais essayait de nous expliquer ses démarches en vue de développer l'énergie éolienne dans ce pays où il y avait 300 jours de vent par an. Pendant ce temps, deux prostituées thaïlandaises se servaient du « Sunday Times » comme paravent, pour refaire leur maquillage. J'avais l'impression de me trouver soudainement dans un roman d'Agatha Christie.

Le lendemain, je partis en voiture présenter mes lettres de créances au Président de la République. Certains bâtiments du centre D'Oulan-Bator se veulent des copies de ceux de Saint-Pétersbourg. La place principale comporte des palais couleur framboise et pistache en faux XVIIIe. Au Centre se trouve le Palais de l'Assemblée Nationale où m'attendait le Président.

Un officier au crâne rasé à la Yul Brynner s'avança vers moi, sabre au clair, pour me présenter la garde. Je passais en revue le régiment de la garde présidentielle et de ma voix la plus forte, annonçait en Mongol : « Bonjour soldats » phrase que je m'étais évertué à répéter toute la nuit. Un grand cri rauque poussé par cent gorges mongoles s'éleva en guise de réponse.

Je montais les marches du Palais au haut duquel m'attendait le Président qui ne manquait pas d'allure. Il était vêtu d'une houppelande de fourrure, portait un chapeau pointu bordé de zibeline et, aux pieds, des bottes de feutre. Il me faisait penser au tableau du Grand Mongol. Je pénétrais dans le salon où étaient rassemblée la fanfare de la garde qui jouait l'hymne national Mongol avec des instruments de musique datant du Moyen-âge : violons à une seule corde, tambourins rabougris et fifres fatigués. Je fis mon discours habituel. Pour me remercier, le Président m'offrit en guise de bienvenue un verre de lait de jument fermenté. Devant la grimace que je ne pus réprimer le Président, prenant pitié, le remplaça immédiatement par un verre de vodka de la meilleure qualité. Je lui fis part de l'intérêt de la Communauté Européenne pour la Mongolie, à quoi il me répondit qu'il serait très heureux d'avoir une coopération avec celle-ci en vue de développer son pays.

En quittant le palais, j'allais déjeuner chez l'ambassadeur d'Allemagne qui assurait à ce moment la présidence de la Communauté Européenne. L'ambassadeur d'Angleterre venait d'arriver de Madras, en Inde, très secoué par le brutal changement de climat. Nous étions servis par deux mongols, fruits des amours d'anciens soldats de l'armée allemande et de dames mongoles. Des filles superbes nous servirent des saumons qu'elles nous présentaient les seins quasiment étalés sur les plateaux, vêtues de robes transparentes en lamé qui laissaient apercevoir leurs cuisses sculpturales. Elles avaient de magnifiques yeux bleus et des tresses impressionnantes. Nous avons porté plusieurs toasts, notamment à la Reine d'Angleterre dont c'était ce jour-là l'anniversaire.

Il me restait encore une visite officielle à faire, à l'ambassadeur de l'Inde, haute personnalité du clergé bouddhiste. Dès que je pénétrais dans l'ambassade, il me conduisit vers un autel bouddhiste, devant lequel je m'inclinais et brûlais trois baguettes d'encens, comme le veut l'usage. J'eu encore droit à un thé à l'anglaise au cours duquel il m'invita à venir assister à l'anniversaire de « Lord Bouddha » qui devait se dérouler le lendemain.

Une expérience du bout du monde

Le lendemain, je me retrouvais assis dans une grande prairie avec plusieurs milliers d'habitants autour de moi. Le programme comportait une série de compétitions, dont la première consistait en une course de chevaux dans la plus pure tradition mongole. Les cavaliers debout sur leurs montures menées à un train d'enfer, lances à la main, donnaient l'impression de sortir d'un roman de Gengis Khan. Suivait un affrontement de lutteurs de 180 kilos, style sumo, poussant des cris terrifiants à chaque point gagné.

La foule hilare mangeait des brochettes de yak, en buvant du lait de yak fermenté, qu'on servait à tout bout de champ. Vinrent ensuite, les tireurs à l'arc. Comme tout le monde le sait, le tir à l'arc dans la religion bouddhiste est très vénéré car, selon l'enseignement du Bouddha, la flèche tirée par l'archer est le prolongement de celui-ci dans l'espace et un gage d'immortalité. Je retrouverais ce même état d'esprit au Japon sur les terrasses de bois des palais de Kyoto où se déroulent les compétitions des archers nippons.

Les festivités à Oulan-Bator n'étaient pas encore terminées. Je me rendis le soir même dans le petit théâtre de la ville. Les fauteuils étaient en velours bleus, les loges ornées de dorures et de miroirs. Les mongols arrivaient dans leur long kaftan noir accompagnés de leurs femmes en pantalons bouffants et blouses de soie multicolores qui se mouvaient avec la grâce de danseuses circassiennes. De lourds bracelets et colliers d'argent ornaient leurs bras et leurs cous. La Traviata était au programme et je me demandais, tout au long de la représentation, quelle aurait été la réaction de Puccini, en écoutant son opéra, chanté en Mongol. Je rentrais à Pékin totalement épuisé, mais ravi de cette expérience qui m'avait donné l'impression de vivre un Conte des mille et une nuits.

Le Tibet et son Dalaï-lama

En 1990, je me rendis au Tibet, convaincu que ce pays, qui avait énormément souffert dans son histoire, méritait l'attention de la Communauté Européenne. Le Tibet est un pays tout à fait à part de ceux de la communauté internationale. Il a longtemps été le royaume des neiges impénétrable. C'est le voyage d'Alexandra David Niels qui le fit connaître aux occidentaux à la fin du XIXe siècle. C'était alors une théocratie, c'est-à-dire un royaume fondé sur un pouvoir religieux exercé par le Dalaï-lama. Celui-ci était choisi parmi de jeunes enfants bouddhistes dont le plus méritant l'emportait. À l'époque où les anglais avaient leur protectorat sur l'Inde, ils ont prospecté le Tibet et y ont longtemps maintenu un consulat jusqu'à l'arrivée des chinois en 1959. À l'exception d'un mariage entre une princesse tibétaine et un empereur chinois au XVIIe siècle, la Chine ne s'est pas intéressée au Tibet. Ce n'est qu'après l'arrivée au pouvoir de Mao Tsé Tung, que les chinois commencèrent à réaliser que le Tibet constituait pour eux un enjeu stratégique important. Après la Seconde Guerre mondiale, trois guerres eurent lieu entre l'Inde et la Chine, dont le motif était le tracé des frontières à travers les montagnes de l'Himalaya. On a appelé ces guerres « les guerre des cols »

La Chine ne s'est réellement intéressée au Tibet que lorsque elle devint une puissance nucléaire et qu'elle fit exploser sa bombe. Le Centre Nucléaire et Spatial de l'Op Nor, situé au Turkestan chinois, voulait avoir la possibilité d'enterrer les missiles chinois dans des souterrains creusés dans les montagnes de l'Himalaya. C'est alors que la Chine, à partir de 1959, commença à s'occuper sérieusement du Tibet et en chasser le Dalaï-lama qui dut se réfugier en Inde.

J'arrivais à Lhassa après sept heures de vol, accueilli à ma descente d'avion, selon le rite tibétain, par deux représentants : un chinois et l'autre tibétain. Ils me passèrent autour du cou, comme le veut la coutume, une écharpe blanche et s'inclinèrent devant moi en joignant les deux mains. Je fus ensuite conduit dans un hôtel tenu par un italien qui était végétarien de surcroît. Il y régnait une atmosphère de départ de cordée qui faisait penser à Chamonix. Nous nous trouvions à 4 000 mètres d'altitude et il fallait absorber une certaine quantité de pilules pour parvenir à retrouver un souffle normal. Dans la rue, je croisais de jeunes bonzes portant sur leur dos des bonbonnes d'oxygène, ce qui semblait parfaitement se justifier. Le collègue italien qui m'accompagnait ne parvenait plus à respirer normalement et dut être transporté d'urgence à l'hôpital de Lhassa.

À l'intérieur de Lhassa, des monuments très pittoresques témoignaient de la personnalité de la civilisation tibétaine. J'allais visiter le palais du Potala, ancienne résidence du Dalaï-lama. Située sur une des hauteurs de Lassa, ses sept étages construits essentiellement en bois étaient reliés entre eux par des passerelles. En plus de posséder des talents d'équilibriste, il fallait avoir un sacré souffle, pour parvenir au dernier étage du palais. Il était d'ailleurs recommandé d'effectuer plusieurs arrêts dans le but de retrouver sa respiration. Une fois qu'on y parvenait, le spectacle était saisissant de beauté. La vue sur la Chaîne de l'Himalaya et sur la ville de Lhassa était à couper le souffle. Les montagnes neigeuses, à 5000 mètres d'altitude dans un ciel d'un azur éclatant, dominaient une série de fleuves prenant tous naissance dans le massif du Tibet. Le Brahmapoutre, principal fleuve de l'Inde, le Yang Tsé Kiang, principal fleuve chinois et le Mékong de l'Asie du Sud-Est. Trois fleuves majeurs incarnant trois civilisations.

Je me rendis au Centre de Lhassa visiter le temple principal Jokhang, qui est l'équivalent du Vatican. Les tibétains se prosternaient sans fin devant l'autel de Bouddha, offrandes à la main, dans une forte odeur d'encens. En dépit des consignes chinoises, de nombreuses photos du Dalaï-lama figuraient sur les murs du temple témoignant de la dévotion de son peuple à son égard.

La pratique du bouddhisme tantrique est courante au Tibet. C'est, semble-t-il, la forme la plus rigoriste du bouddhisme. Les tibétains croient à la réincarnation et à l'immortalité de l'âme et pratiquent la compassion. Tous les matins, on pouvait croiser des moines, la tête rasée, une épaule drapée de toges orange, parcourant les rues de Lhassa, un bol à la main, comptant sur la générosité des habitants pour leur assurer le boire et le manger. Une fois leur bol plein, les moines retournaient au temple, chanter les versets de l'enseignement de Bouddha. On les voyait alors se prosterner des heures entières, étalés de tout leur long à terre, leur habit orange flottant autour d'eux. Parfois des musiciens, armés de longues trompettes et de casques dorés, accompagnaient leurs prières de sons répétitifs et discordants.

Le fait que les tibétains soient végétariens et non violents crée forcément une incompatibilité avec le marxisme chinois. En proclamant leur non violence, les tibétains ne peuvent ni entrer dans l'armée, ni adhérer au Parti communiste. Ils sont donc exclus de la société chinoise dont l'armée et le parti sont les fondements essentiels. Je n'oubliais pas, avant de partir, de rendre visite à mon collègue italien hospitalisé à Lhassa. Celui ci qui avait réussi à retrouver son souffle, n'avait qu'une idée, retrouver des climats plus cléments et des lieux plus civilisés. En traversant l'hôpital, je fus frappé par le nombre de bocaux de plantes médicinales qui encombraient les étagères, témoignant de l'efficacité de la médecine tibétaine. À l'instar de la médecine chinoise, celle ci considère le corps humain comme une combinaison de souffles : l'air, la terre et la mer.

Il faut savoir qu'à Lhassa, Chinois et Tibétains cohabitent dans la plus grande difficulté. Cela me faisait penser au Paris de l'occupation allemande. Le contraste entre l'armée chinoise et les moines tibétains circulant dans la rue en murmurant le mot « Freedom » est saisissant. Les tibétains sont d'une douceur et d'une délicatesse de sentiments exceptionnels. Tandis que je circulais à travers les rues de Lhassa, un air vif et glacial me frappa au visage. Les oriflammes multicolores (don des habitants au Bouddha pour implorer ou remercier), flottaient dans le vent. Les femmes tibétaines drapées dans des cachemires multicolores déambulaient avec, sur leurs têtes, d'énormes paniers et des enfants sales à leurs trousses. Les hommes en tuniques et pantalons bouffants assurant les travaux rugueux de la maison.

Dès que l'on quitte Lhassa, le spectacle des cols enneigés bordant les lacs glacés et scintillants sous un soleil de plomb est d'une beauté d'un autre monde. Le Tibet est un îlot de spiritualité qui imprègne chaque visiteur. Je quittais le Tibet, décidé à apporter à ce pays si attachant une aide, si mineure soit-elle. Avant mon départ, j'avais appelé l'organisation de « Médecins Sans Frontières » à Bruxelles, qui m'avait assuré qu'il serait utile que la Commission puisse financer une campagne de vaccination contre le typhus. Apprenant qu'un de leurs médecins belge travaillait dans une vallée tibétaine, aux environs de Lassa, j'allais le voir et ensemble nous pûmes mettre sur pied la réalisation de ce projet. Avant de pouvoir le concrétiser, il nous aura fallu une année entière, mais la mise en place de ce projet a permis la vaccination de la majeure partie des jeunes tibétains. Le typhus qui était assez répandu dans cette région a pu être ainsi éradiqué. Je me sentais heureux d'avoir pu contribuer, si peu soit-il, à aider cette population si démunie.

Tentative de former des jeunes tibétains à l'étranger

Le Parlement Européen, satisfait de ce premier résultat, m'encouragea à poursuivre mes démarches sur le plan de l'aide qu'on pouvait apporter à ce pays. Je savais combien les jeunes tibétains étaient désireux de poursuivre leurs études à l'étranger. Suite à une visite que je fis à Strasbourg, j'obtins l'autorisation d'inviter deux stagiaires tibétains à entreprendre un stage de six mois au Parlement Européen. Côté chinois, l'autorisation se fit attendre plus d'un an et demi, avant que les stagiaires puissent enfin se rendre à Strasbourg.

Par ailleurs, à Pékin, j'avais une relation très cordiale avec l'ambassadeur de Suisse, qui avait l'immense avantage de connaître la langue tibétaine, (chose très rare en Suisse). Quelques réfugiés tibétains s'y étaient réfugiés, sans doute, à cause de la proximité des montagnes qui créaient un point commun avec leur pays. Je tentais avec lui d'encourager des conversations entre chinois et tibétains en vue d'un règlement politique. Dans ce but, je pris contact avec le ministère des Affaires étrangères chinois qui, à mon grand étonnement s'avéra ouvert à ce projet.

Une première conversation eut lieu entre des représentants de la Chine populaire et le frère du Dalaï-lama. Je me rendis donc à Hong Kong pour rencontrer celui ci. Il me fit savoir que le Dalaï-lama était prêt à accepter que la Chine prenne en charge les secteurs de la Défense et des Affaires étrangères du Tibet, à condition d'accorder au pays une autonomie interne.

Un projet de convention fut mis au point au cours d'une deuxième série de conversations à l'Ambassade chinoise de Berne. Malheureusement, ces conversations ne purent aboutir, les américains ayant mis leur veto pour des raisons stratégiques. La Communauté Européenne fut obligée de tenir compte aussi bien de la position de l'armée chinoise que de celle du Pentagone et les choses en sont restées là. J'ai longtemps gardé des contacts avec des amis aussi bien tibétains que chinois, tous très ouverts à ce problème auquel je ne désespère pas que l'on puisse, un jour, trouver une solution.

Le Tibet a fait l'objet de plusieurs études en France, en Angleterre et aux États-Unis. Le livre de Matthieu Ricard, fils de l'académicien Jean François Revel, a connu un grand succès littéraire en France. L'Université d'Oxford, par ailleurs, comporte une chaire tibétaine et l'État de Massachusetts finance un enseignement de la philosophie et de la littérature tibétaine.

Des intérêts inconciliables

Il est important de savoir que la thèse chinoise a pris exactement le contre-pied de la doctrine bouddhiste, considérant que celle ci avait amené l'obscurantisme au Tibet, et que c'est la Chine qui l'avait libérée en introduisant une laïcité ignorée du bouddhisme.

Sur un autre plan, il faut reconnaître que la Chine a fait un très grand effort économique en investissant au Tibet. Elle a, par exemple, modernisé les réseaux de transport. Á titre d'exemple, il est intéressant de savoir qu'à partir de 2007 un train à grande vitesse sera mis sur rails, entre Chengdu et Lhassa. Ceci suppose la construction de nombreux viaducs dans les montagnes de l'Himalaya qui aideront le Tibet à se désenclaver et à s'ouvrir au monde extérieur.

Hu Jintao, avant de devenir Président de la Chine et Secrétaire Général du Parti, avait été Secrétaire du Comité Central du Parti communiste à Lhassa. Il était entouré de collaborateurs tibétains qui n'ont pas manqué de l'aider à découvrir la réalité du pays. Mais il est important de faire connaître cette réalité à l'extérieur du pays.

D'un côté, il y a la diaspora tibétaine aux États-Unis, qui se refuse à tout dialogue avec les chinois ; de l'autre, le pouvoir chinois incarné par la plus haute autorité chinoise, le Parti communiste ; et entre ces deux forces opposées le Dalaï-lama, réfugié en Inde, qui n'a pas renoncé à ses initiatives de paix. Je pense que c'est en essayant de tisser les fils d'un nouveau dialogue entre lui et les chinois qu'on pourra espérer trouver une solution à ce problème qui n'a que trop duré.

Tienanmen : porte du ciel ou de l'enfer ?

Le 4 avril1989, mourrait Hou Yao Bang, ancien Secrétaire Général du Parti qui avait succédé à Mao Tsé Tung après sa mort en 1967. Hou Yao Bang avait aussi été chef de la « Jeunesse chinoise des faucons rouges », organisation de la jeunesse communiste. Réformateur très apprécié des jeunes, il avait incarné un certain renouveau après cette longue période du maoïsme et, parmi d'autres réformes, avait suspendu les exécutions.

La Révolution Culturelle avait fait 20 millions de morts et avec Hou Yao Bang, la Chine reprenait petit à petit espoir d'un monde meilleur. La nouvelle de sa disparition bouleversa l'opinion publique chinoise. Les jeunes furent effondrés. Ses obsèques, qui se déroulèrent à Baoling, furent le témoin de scènes déchirantes. Les étudiants, tous habillés de blanc (couleur du deuil en Chine) jetaient des corolles blanches sur son cercueil au fur et à mesure de son passage, et lorsque sa dépouille glissa sur les rails du crématorium et que le chant de l'Internationale retentit chantée par des milliers de jeunes, un long frisson parcourut l'assistance. Les chinois étaient en larmes.

Dès le lendemain, les premiers cortèges de jeunes étudiants commencèrent à défiler dans Pékin. Il y avait alors deux millions d'étudiants, ce qui, pour une population d'un milliard trois cent millions, est relativement peu élevé. Le mouvement étudiant a toujours été, en Chine, le fer de lance de la contestation. Déjà en 1919, du temps de la première République, d'importantes manifestations s'étaient déroulées à Pékin. En 1989, les étudiants réclamaient deux choses : de meilleures conditions de vie et surtout des réformes leur permettant l'accès à des carrières plus satisfaisantes. Mais il y avait une absence de programme concret qui a été aussi une des causes de l'échec du mouvement.

Tout le mois d'avril fut un mois de contestations qui ont aussitôt été suivies dans d'autres villes chinoises. À partir du 1er mai, les étudiants commencèrent à planter des tentes sur la place Tienanmen et les premières grèves de la faim commencèrent. Le leader des jeunes, Wuer Kai Xi, âgé de 23 ans, essaya de s'imposer par ses discours multiples et virulents. La place Tienanmen était devenue un immense forum, avec toute une série de tentes, véritables dortoirs ambulants qui abritaient les grévistes de la faim. Ambulances et infirmiers circulaient ramassant les étudiants malades. Inutile de décrire la détresse de leurs mères totalement désorientées et anxieuses sur le sort de leurs enfants. Il faut dire qu'en Chine, pays de famines historiques, la grève de la faim n'avait jamais existé.

Les étudiants bloquaient l'accès à l'Assemblée Nationale située sur la place même de Tienanmen. Juste à ce même moment, Gorbatchev devait arriver pour une visite en Chine. Les dirigeants chinois furieux que celui-ci ne puisse se rendre à l'Assemblée Nationale, le reçurent à Dia O Yutai, Résidence des hôtes étrangers, à l'extérieur de Pékin.

Gorbatchev le mal venu

J'assistais à la conférence de presse de Gorbatchev. Parmi les questions qui fusèrent de toutes parts, un journaliste chinois lui posa la question suivante : « Si un mouvement identique survenait sur la place Rouge, que feriez-vous ? Gorbatchev répondit sans se départir un instant : « la Russie a souvent donné des conseils à la Chine, mais il semble que ses conseils n'aient pas toujours été des meilleurs, ce qui m'autorise à ne pas répondre. » Deng Xiaoping et Jao Gei Yang qui encadraient le Président russe sur la tribune, étaient verts de rage.

Il est clair que les relations entre le Parti communiste chinois et le Parti communiste russe allaient en souffrir. À la réception qui suivit, à l'ambassade russe, les toasts se succédèrent dans une ambiance glaciale jusqu'au moment où, la vodka aidant, les russes parvinrent quand même à mettre de l'ambiance. Après avoir ingurgité une quantité incroyable de vodka, ils n'hésitaient pas à jeter leurs verres de cristal derrière eux à la stupéfaction des chinois peu habitués à un tel gaspillage.

De ce jour, Gorbatchev devint l'homme de la perestroïka que les chinois redoutaient le plus. Le lendemain, Wuer Kai Xi, le jeune leader du mouvement des étudiants demanda à être reçu par le Premier ministre. Li Peng donna son accord et à six heures du soir, et quelle ne fut pas notre surprise de voir trois étudiants chinois, leader en tête, gravir en pyjama et à genoux, les marches de l'Assemblée. Ils avaient volontairement gardé leurs costumes de grévistes de la faim et demandaient pardon au peuple chinois d'avoir été obligé d'entreprendre cette grève.

L'explication procède de la mentalité chinoise confucéenne. Celle-ci a, en effet, un respect profond pour l'autorité et ne peut s'en écarter que dans des cas exceptionnels. Li Peng les reçut en leur disant d'un ton paternel : « Je pourrais être votre père », et le jeune meneur lui répondit, je ne veux pas être ton fils, je veux des réformes. Comme on peut l'imaginer, l'entretien fut un échec et quand les étudiants en sortirent, le chant de l'Internationale retentit sur la place et l'on sentit que l'émeute commençait. C'était, je m'en rappelle parfaitement, le 19 mai, jour de mon anniversaire.

Des mouvements de troupes étaient signalés aux environs de Pékin. La 37e armée faisait mouvement de Nankin à Pékin et les premiers chars d'assaut commencèrent à rentrer dans la capitale. Les étudiants chinois se voyant menacés, tentèrent de fraterniser avec les tankistes, mais ceux-ci impitoyables et fidèles au pouvoir, se refusèrent à tout compromis.

Un moment traumatisant pour la Commission

Je préparais alors une réunion de la Commission CEE-Chine qui devait se dérouler à Bruxelles, le 6 juin 1989. Le ministre du Commerce extérieur Chinois devait se rendre à Bruxelles. En dépit des évènements, celui ci me confirma la venue de sa délégation. La situation se tendait chaque jour un peu plus. La place Tienanmen susceptible de contenir 500000 personnes était noire de monde. Des groupes d'étudiants étaient harangués par des professeurs munis de mégaphones, des ambulanciers traversaient la place, emportant des grévistes épuisés.

Le Comité Central du Parti siégeait en permanence à Zong An Ni et un climat d'affrontement commençait à se dessiner. Zhao Ze Yang, Secrétaire Général du parti, était en conflit avec Li Peng et le sort des réformes était en jeu.

Le 3 juin 1989, je partis comme prévu pour Bruxelles avec le ministre chinois et sa délégation. Nous logions à l'hôtel Palace. C'était un vendredi. Le samedi la télévision belge commença à diffuser les images de l'insurrection sur la place Tienanmen. La nuit du samedi 4, les étudiants chinois se virent notifier par le commandant des troupes chinoises massées autour d'eux de se retirer en bon ordre. Il y eut un malentendu, les étudiants ne firent pas mouvement assez rapidement, ce qui provoqua les premiers tirs des mitrailleuses. Celles-ci éclatèrent à trois heures du matin, avant que les étudiants puissent dégager la place. Ils avaient beau essayer de fuir vers les rues avoisinantes, l'armée tirait impitoyablement, à bout portant sur tout ce qui bougeait.

Des piles de cadavres commencèrent à s'amonceler, notamment devant le Conservatoire de musique. À six heures du matin, une délégation d'étudiants, avec un drapeau blanc, se rendit auprès du Commandant des troupes, pour demander grâce et finalement, un cessez le feu fut décrété. Les chars occupèrent la place et toute la journée du dimanche se passa à retirer les cadavres des étudiants et les blessés dans les hôpitaux de la capitale. Pendant ce temps, à Bruxelles, je rencontrais, très ennuyé, le ministre Chinois qui m'avait accompagné à Bruxelles avec sa délégation. Plusieurs d'entre eux qui savaient que leurs enfants étaient sur la place Tienanmen pleuraient à chaudes larmes. En dépit de nos différences de vues, je ne pouvais m'empêcher d'avoir pitié d'eux.

Le ministre qui désirait sans plus tarder rentrer à Pékin, me demanda d'annuler la Commission mixte Chine - CEE. Il souhaitait cependant rencontrer Jacques Delors avant son départ. J'allais donc voir Delors pour lui en faire part, mais celui-ci refusa catégoriquement de le recevoir en me disant « Je refuse de rencontrer un homme qui a du sang sur les mains » Je fus obligé de communiquer cette décision au ministre mécontent.

Le lendemain, je me retrouvais dans la salle de presse de la CEE, devant 500 journalistes étrangers qui m'interrogeaient sur la position de la Commission face à cet évènement. L'opinion publique internationale était très secouée par les images à la télévision et notamment par celle du jeune chinois faisant face au tank des soldats à Tienanmen, photo qui avait fait le tour du monde.

À une journaliste américaine qui me demandait quel était l'état des relations Chine CEE, je répondis qu'elles étaient gelées. Cette expression, permettait à la fois de ne plus entreprendre de nouvelles actions de coopération avec la Chine, sans toutefois supprimer ou arrêter celles qui étaient en cours.

Des sanctions allaient être prises par la CEE à l'égard de la Chine, mais comme on le verra par la suite, elles ne dureront pas plus d'un an. J'étais très inquiet sur le sort de notre Délégation à Pékin. Un coup de téléphone de mon adjoint David Ting me rassura. J'avais hâte de rentrer en Chine bien que Jacques Delors, échaudé par les évènements me le déconseillait formellement. Je décidais alors de consulter l'ambassadeur de Chine à Bruxelles, Lu Shan, que je connaissais bien. Je me rendis à l'ambassade avenue de Tervuren, mais au moment même où j'arrivais, une manifestation importante se tenait devant l'ambassade. On me fit rentrer par la porte arrière, et notre entretien se déroula dans la cuisine. J'expliquais à l'ambassadeur que j'avais l'intention de rentrer à Pékin mais ne souhaitais pas que ce retour soit interprété comme un acte politique par les autorités de Pékin. Celui-ci prit aussitôt contact avec les autorités en place et me fit savoir que le gouvernement chinois répondait de ma sécurité, selon les termes que j'avais choisis.

Le mercredi 8 juin, je m'embarquais pour Pékin. L'avion d'Air France qui m'emmenait était vide, à l'exception d'une journaliste de *Libération*, Caroline Puel, et moi. L'avion était chargé de rapatrier les mères et les enfants de la colonie française. J'avais pris la précaution de me munir de dollars sachant que les banques seraient fermées à Pékin et qu'il faudrait bien rémunérer le personnel de la délégation, auxquels j'ajoutais quelques provisions de bouche, la plupart des magasins d'approvisionnement chinois gardant volets clos.

L'armée occupait l'aéroport de Pékin, empêchant tous les équipages de sortir de l'aéroport. L'équipage d'Air France ne fut donc pas autorisé à débarquer, ce qui après 10 heures de vol n'était pas très relaxant. Pilotes et staff furent obligés de coucher dans l'avion, en attendant son prochain départ pour l'aéroport Charles de Gaulle. Je fus donc le seul passager à descendre la passerelle, accompagné de la journaliste française qui m'avait demandé de lui faire passer des cassettes sur le film des évènements. À l'aéroport, les chariots étaient cadenassés. Mon fidèle collaborateur David Ting était venu m'accueillir avec mon chauffeur. Tous les deux étaient en larmes.

À peine monté dans la voiture, David Ting me prévint du spectacle qui m'attendait. Nous allions passer sur les lieux du massacre. Parvenus à Tienanmen, je descendis de la voiture et marchais autour de la place, prenant conscience de la réalité de ce drame épouvantable. Sur les murs, les traces des balles de mitrailleuses étaient très visibles, les arbres avaient leurs cimes coupées par les tirs de mitrailleuses et des cadavres gisaient encore ici et là. Les infirmiers venaient les enlever et partaient les empiler dans les sous-sols de l'hôpital de l'armée.

Je décidais de tenter une démarche auprès de Médecins Sans Frontières, mais les chinois refusaient toute aide médicale extérieure et pour cause. Nous avons appris par la suite que les soldats de l'armée chinoise entraient dans les salles d'hôpital et, sans aucun état d'âme, arrachaient les systèmes de perfusion des étudiants. Il y avait eu environ 400 morts. Je me souviens que le cadavre du fils du doyen de l'Université de Beida n'avait pu être identifié que par les clés trouvées dans les poches de son jean. Un silence de mort planait sur Pékin. Les milliers de cyclistes qui circulaient dans les rues roulaient engoncés dans leur tristesse. À l'hôtel Sheraton, nous n'étions plus que sept clients. Les deux tiers du personnel avaient été licenciés. Le couvre feu fonctionnait à partir de 6 heures du soir et il n'était pas questions de passer outre, les patrouilles militaires qui circulaient dans la ville, ayant la gâchette facile.

Un de mes collègues, Guy Trouveroy, alors ministre-conseiller à l'ambassade de Belgique, avait laissé ses enfants avec leur bonne chinoise dans son appartement. Tandis que ceux-ci regardaient la télévision, une rafale de mitraillettes s'abattit sur la pièce. Les enfants y échappèrent de justesse, la bonne chinoise ayant eu le reflexe de les plaquer à terre. Ce genre d'incidents se multipliait et le climat entre les autorités chinoises et les ambassades n'était pas des meilleurs.

Juste pour donner un exemple, je fus convoqué plus de 11 fois, tous les dimanches à 8h00 du matin, par le ministère chinois des Affaires étrangères, ainsi que mon collègue espagnol Bregolé, diplomate confirmé qui assurait à ce moment la présidence. Grâce à l'habileté dont il fit preuve, la tension put légèrement s'atténuer. Jahang en Zhu, Directeur de l'Europe au département politique du ministère chinois des Affaires étrangères, nous lisait à chacune de ces séances dominicales, un long briefing où la Commission était accusée de tous les maux, notamment d'avoir pris des sanctions commerciales vis-à-vis de la Chine.

Au bout de quelques temps et en dépit de ce climat hostile, Yan Zen Zhou, devint tout de même un ami. Je l'invitais personnellement à déjeuner à plusieurs reprises. Un jour que je lui demandais, de la part du Président Delors, s'il pouvait y avoir une amnistie pour les étudiants chinois en prison. Il me répondit, (non sans ironie) que le mot amnistie n'était pas traduisible en chinois. C'est dire le climat dans lequel nous vivions.

Une autre fois, alors que nous déjeunions ensemble, il m'assura avec beaucoup d'aplomb que les sanctions économiques, imposées par la CEE à la Chine, ne dureraient pas plus d'un an. Comme je lui demandais ce qui le rendait si convaincu de cette affirmation, il me répondit : « La présidence espagnole se termine en 1989 ; la France suivra, mais il ne faut pas espérer qu'elle lèvera les sanctions. L'Irlande prendra ensuite la présidence à partir de janvier 1990, mais celle-ci n'a pas le poids politique voulu, pour régler un tel problème, ce sera donc l'Italie qui lui succèdera, qui lèvera les sanctions. » Il semblait très sûr de lui en affirmant cela. Il n'avait pas tort. Le ministre italien Medici était en effet, un grand ami du ministre des Affaires étrangères Quian Chi Chen. Le dossier des sanctions fut discuté au cours d'une rencontre au café Florian à Venise en septembre 1990 et la levée des sanctions fut prononcée au Conseil des ministres au Luxembourg en octobre 1990. C'est alors que les délégations européennes purent à nouveau se rendre en Chine. On commençait enfin à respirer.

Et les droits de l'homme dans tout ça ?

Comment tirer une conclusion sur le dossier des droits de l'homme, tel qu'il a été traité par la CEE dans les dix ans qui suivirent Tienanmen. Le principal problème est resté celui des dissidents. Environ 10 000 étudiants chinois ont quitté la Chine après les émeutes de 1989 et se sont réfugiés aux États-Unis et en Europe. J'ai eu l'occasion de rencontrer certains d'entre eux à Paris. J'ai été surpris de constater qu'au bout de deux ou trois ans passés hors de chez eux, ces jeunes m'ont paru très malheureux. La plupart d'entre eux souhaitaient rentrer en Chine retrouver leur famille et leur métier.

J'ai passé de longs moments au ministère de la Sécurité publique à Pékin, pour plaider le dossier de certains d'entre eux. J'ai pu ainsi obtenir quelques résultats concernant la délivrance de visas et l'autorisation de rentrer en Chine. Il faut dire que, la plupart de temps, ceci ne pouvait se faire qu'au prix de quelques concessions commerciales, mais le jeu en valait bien la chandelle. Il faut aussi reconnaître que j'ai eu chaque fois, le soutien très précieux des ambassadeurs de la CEE en poste à Pékin.

Concernant le problème des droits de l'homme, il est essentiel de traiter les choses cas par cas et d'essayer de les résoudre modestement sans faire de bruit. Si, par exemple, on obtient la libération d'un prisonnier, il est impératif d'empêcher la presse de s'emparer de la nouvelle et de la diffuser. En effet, il est arrivé que des journalistes qui croyaient bien faire en ébruitant leur libération n'ont réussi qu'à faire capoter le tout.

En dépit de son formidable éclatement sur le plan économique, la Chine n'est pas encore un État de droit et mettra longtemps à le devenir. Les procès sont expéditifs et les dictats chinois comptent peu face à la police. J'ai quand même pu obtenir que la Chine reçoive des délégations d'avocats de la CEE, ce qui nous a permis d'établir une coopération dans le domaine des droits de la défense. Par ailleurs, j'ai visité une trentaine de prisons chinoises, notamment au Tibet, et je dois dire que le régime carcéral chinois est terriblement vétuste et qu'il y a, dans ce domaine, énormément d'améliorations à apporter. J'ai fait aux États membres une proposition de modernisation des prisons chinoises, mais ce problème ayant été considéré comme non prioritaire, ma proposition a été refusée.

Je considère, comme beaucoup d'Occidentaux, que le problème des droits de l'homme est un problème capital pour l'avenir de la Chine. L'Europe, dont les valeurs de droit et de liberté ont souvent une approche plus nuancée que celle des États-Unis, doit maintenir une pression permanente sur la Chine dans le sens d'une libération et d'un épanouissement des droits individuels. Ce n'est qu'à ce prix, que la croissance vertigineuse de l'économie chinoise trouvera un équilibre humain et sociétal.

Le problème des droits de l'homme en Chine est un problème récurrent. La Chine, aussi bien impériale que communiste, a toujours considéré que ce qui prévalait dans les droits de l'homme étaient les droits économiques, c'est-à-dire le fait d'assurer à chaque individu un salaire et une sécurité. Il ne faut pas oublier que la Chine a été le pays des grandes famines et le fait d'assurer sa ration de riz à chaque chinois restait le premier objectif du gouvernement. De leur coté, les États-Unis considèrent que les droits de l'homme se définissent d'abord et avant tout par la liberté d'expression dont doit jouir chaque citoyen, et que cette liberté doit être garantie par un système démocratique. La Chine, en revanche, estime que le monopole du Parti communiste assure aux chinois la garantie des droits économiques. Ce point est fortement contesté par les États-Unis, qui souhaiteraient que le régime chinois introduise une dose supplémentaire de liberté et de démocratie dans ses institutions.

Le suffrage universel en Chine : une utopie ?

J'assistais un jour à un dîner entre le Premier ministre Li Peng et le vice-président de la Commission, Frans Andriessen. Ce dernier posa la question suivante au Premier ministre : « Quand la Chine se décidera-t-elle à élire un Président de la République au suffrage universel ? » Le Premier ministre lui répondit qu'il était tout à fait d'accord sur le principe, à condition toutefois, qu'il n'y ait qu'un seul candidat. Cette réponse démontre bien l'écart qui existait entre ces deux conceptions des droits de l'homme.

Les Chinois se méfient beaucoup de la démocratie politique. Le régime chinois est autoritaire depuis des siècles et le Parti communiste n'a fait, dans ce domaine, que succéder à l'autorité de l'empereur. Sur l'intervention du Sénat américain, les chinois ont commencé à introduire un système d'élection pluripartite où le monopole du parti dans les élections municipales n'est pas imposé. Ce système devrait permettre au candidat d'un autre parti d'être élu maire. Ceci représente déjà un changement profond par rapport au système actuel. Il faut cependant reconnaître que cette expérience reste très limitée.

La vie quotidienne d'une famille chinoise

La condition de la femme en Chine a fait, par contre, de réels progrès ; deux tiers d'entre elles, travaillent et ont un salaire. Certaines, même, jouent un rôle non négligeable à l'intérieur de la société chinoise. Dans un ménage chinois, c'est la femme qui tient les comptes, élève les enfants, s'occupe du ménage et aide les personnes âgées de la famille. Comme je le signalais plus haut, l'espace réservé à une famille chinoise est des plus restreints : 20 m^2 pour y loger père, mère, belle-mère, tante, et l'enfant unique. L'emploi du temps d'une mère de famille n'est pas non plus de tout repos. À cinq heures et demi du matin, celle-ci enfourche son vélo pour se rendre à son poste de travail qu'elle occupe jusqu'à 11 heures du matin. Elle dispose ensuite d'une heure pour effectuer son marché. (Les chinois n'ayant pas encore de frigos ou de freezers, mangent uniquement du frais, ce qui rend le stockage des aliments impossible). Elle reprend son travail de 1 heure jusqu'à 5 heures, puis doit se faufiler en vélo, parmi des milliers d'autres, et rentre chez elle vers 6 heures et demi. À ce moment, pas question de faire une pause. Elle doit préparer le dîner du soir, qui en Chine est sacré. Une fois le dîner et la vaisselle terminés, elle libère la table pour enseigner la calligraphie à son fils ou sa fille et se couche finalement tard dans la soirée, non sans avoir rempli toutes ses fonctions ménagères.

Par comparaison, la vie des hommes est beaucoup plus facile et agréable. Après dîner, ils descendent au café jouer aux échecs ou au majong avec leurs copains. En été, des tables de billards sont alignées tout le long d'une rue et quand il fait chaud, c'est un spectacle très curieux de voir les chinois, torse nu, jouer au billard en plein air en poussant des gloussements de joie ou de rage suivant qu'ils gagnent ou perdent.

Il est impératif que la condition de la femme en Chine puisse évoluer et que son programme quotidien de travail soit progressivement allégé. C'est déjà le cas dans les villes, où elles ont plus de facilité qu'à la campagne et participent à la vie sociale, intellectuelle et même politique du pays. Le Premier ministre est une femme, Madame Wu Yi, ce qui laisse à penser que les femmes joueront un rôle de plus en plus important dans la vie politique. Ceci, à la différence du Japon où la femme n'a rien à dire dans ce domaine.

Incursion dans la Chine profonde

Dès l'automne 1989, j'ai commencé à visiter les provinces chinoises susceptibles de coopérer avec la Communauté Européenne. Sur le conseil de David Ting, je choisis d'abord le Shandong, une des provinces les plus proches de Pékin. C'est dans cette province qu'est fabriqué le célèbre tissu de soie « shantung » très apprécié par les européens. La plupart des meubles des châteaux royaux en France ont été tapissés avec des tissus provenant de cette région.

Ce voyage jusqu'à QuinTao a duré sept heures. C'était ma première expérience de train chinois. Le confort de la première classe équivaudrait en Europe, à celui d'une troisième, si celle-ci existait encore. Au wagon restaurant, il fallait posséder l'adresse d'un équilibriste pour parvenir à attraper le bol de riz que le garçon vous lançait à la volée. De temps en temps, le train s'arrêtait en pleine campagne, on ne savait trop pourquoi, et se remettait en marche au bout d'un moment sans crier gare, laissant les voyageurs, descendus se dégourdir les jambes, complètement abasourdis dans la nature.

Quin Tao est une ville construite par les allemands à l'époque des concessions et de la guerre des Boxers au XIXe siècle. Des traces de cette occupation subsistent encore, telle que la halle aux poissons, bâtiment aux tuiles vernissées vert foncé à l'image des marchés bavarois.

Une très belle plage s'étend tout le long de la côte, bordant une mer bleu acier, au bord de laquelle se pressent de nombreux touristes. La plupart des chinois ne savent pas nager et se contentent de flotter sur des pneus de voiture. Les maillots de bain se louent un yuan l'heure, et sont restitués encore chauds, au préposé de la plage, qui les passe au touriste suivant. Curieusement, au bord de la plage, existe un casino de style autrichien, ainsi qu'un salon de thé du même style qui sert des « Sachertorte » aux chinois ébahis. Une Foire commerciale devant prendre place l'année suivante à Quin Tao, je proposais de financer une opération de coopération entre la bière chinoise et la bière belge. La Chine étant la première productrice de bière du monde.

Le soir, je fus invité avec mon adjoint, à dîner par le maire de la ville. Tout au long du dîner le maire, qui était un chinois sympathique et bon vivant, tenait absolument à me faire les honneurs de la boisson la plus appréciée en Chine : le Maotai. Cette Liqueur qui titre à 50 degrés, est à base de sorgho et d'alcool de grain. Le résultat est un véritable explosif, si bien qu'à son contact, une allumette flambe toute seule. Le maire, très porté sur l'alcool, m'en versa plusieurs rasades. Lorsque je voulus me lever pour quitter la table, mes jambes ne me suivaient plus, formant une espèce de ciseaux m'empêchant d'avancer. Le maire réquisitionna alors deux sbires suffisamment costauds, qui me prirent chacun par un bras, m'aidèrent à descendre l'escalier et m'installèrent tant bien que mal dans une voiture. Ils me conduisirent au « guest house » où nous devions passer la nuit. Ne me lâchant pas d'une semelle, ils me raccompagnèrent jusque dans ma chambre, me déshabillèrent et me mirent au lit. L'un d'eux me donna une tasse de thé et me souhaita bonne nuit en me tapotant la joue. Je m'enfonçais dans un sommeil profond et dormis d'une traite jusqu'au lendemain matin.

Qufu : berceau du confucianisme

Le lendemain, frais comme un gardon, je partis visiter la ville de Qufu. Cette charmante petite ville est le berceau de Confucius depuis 5 000 ans. « Père des 10 000 philosophes », Confucius a profondément marqué toute la doctrine chinoise, dont les principaux fondements sont le culte des ancêtres et le respect de l'autorité. Cette doctrine fait du confucianisme une philosophie plus qu'une religion. La ville est restée semblable à ce qu'elle devait être autrefois. Je visitais le temple de Confucius qui comportait une impressionnante collection de bouddhas, puis me rendis au cimetière où se trouvait sa tombe et celle de ses 270 descendants, les « Kong » (nom chinois de Confucius). Il régnait dans ce cimetière un calme impressionnant incitant à la sagesse et à la prière. Une leçon de morale inscrite dans la pierre de toutes les stalles.

De là, nous partîmes visiter le très célèbre site des Monts de Hainan, lieu de pèlerinage très fréquenté par les chinois. Un temple bouddhiste est perché à plus de 1 000 mètres d'altitude au sommet de la ville. Pour s'y rendre deux possibilités : soit prendre le téléférique, soit gravir les 1 500 marches à la suite des pèlerins chargés d'offrandes destinées au Bouddha. Inutile de préciser le choix que nous fîmes. Parvenus au sommet, nous nous sommes dirigés vers l'hôtel où logeaient les pèlerins pour y passer la nuit. À six heures du matin, dans une aube céleste, nous avons été réveillés par les chants des pèlerins rendant hommage à Bouddha. Le soleil se frayait un chemin à travers les montagnes recouvertes de pins. Nous avions comme une impression de « déjà vu », et pour cause, des millions d'estampes chinoises ont reproduits ce même type de paysage.

Pékin, quatre mois après Tienanmen

De retour à Pékin j'assistais à la Fête nationale chinoise du 1er octobre. Quatre mois avaient passé depuis les évènements de Tienanmen et le couvre feu était enfin levé. La vie reprenait ses droits et redevenait petit à petit normale ; c'est ainsi que je pu renouer des relations plus paisibles avec les autorités chinoises.

Je fus invité à visiter la province du Fujian. Province où sont installés 50 000 Taiwanais avec un dialecte commun au chinois. Taiwan, depuis 1949, est l'île où s'était réfugié le maréchal Tchang Kaï-chek ainsi que le Kuomintang. C'est un régime démocratique avec une Assemblée élue au suffrage universel. Bien que la Chine ait remplacé Taiwan au siège des Nations Unies en 1971, les américains continuent de soutenir cette province.

Les chinois, au nom de la doctrine « d'une seule et unique Chine » prétendent toujours vouloir récupérer Taiwan. C'est ainsi que cette doctrine a été utilisée pour récupérer Hong Kong et Macao. De même, le slogan : « deux pays, un seul État » est toujours en cours dans le vocabulaire politique chinois.

La réunification avec Taiwan ne semble cependant pas être pour demain, car elle supposerait de la part de la Chine l'acceptation d'une certaine dose de démocratie que le Parti communiste chinois n'est pas prêt d'accepter. En dépit de cette position intransigeante, les liens économiques entre Taiwan et la Chine semblent se renforcer tous les jours un peu plus. À mon avis, la réunification de Taiwan avec la Chine sera le travail des nouvelles générations, tant du côté de la Chine populaire que de celui de Taiwan.

CHAPITRE VII

Bilan de mon aventure en Asie

Les six années que j'ai passées en Chine, de mai 1988 à mai 1994, ont représenté pour moi une des périodes les plus intéressantes de ma carrière. Ce fut non seulement la découverte d'une civilisation et d'une culture, mais une expérience passionnante sur le plan professionnel, puisque je passais du fonctionnariat le plus traditionnel à la fonction d'ambassadeur, ce qui voulait dire à des prises d'initiatives journalières. La création d'une délégation de la Communauté Européenne à Pékin fut une aventure à laquelle j'ai voué toute mon énergie et dont je suis sorti totalement transformé.

Il faut dire qu'en six ans la Chine a beaucoup bougé. En 1988, il fallait 18 heures d'avion pour aller de Paris à Pékin. Les compagnies aériennes n'ayant pas l'autorisation de survoler la Sibérie, étaient obligées de survoler l'Himalaya avec une escale à Delhi. Le voyage était très long et fatiguant. Ce n'est qu'à partir de 1990, avec la Perestroïka de Gorbatchev, que les compagnies aériennes purent enfin survoler la Russie, ce qui réduisit le voyage à 10 heures de vol.

La Chine, qui se trouve à 14 000 kilomètres de l'Europe, devint de plus en plus proche, les communications téléphoniques s'améliorèrent et je pouvais appeler Bruxelles tous les jours l'après-midi. Mais il est vrai que 7 heures de décalage horaire sont plus importantes que l'on imagine. Parler à votre interlocuteur le matin, n'est pas la même chose que lui parler en fin de journée. L'e-mail n'existait pas encore à cette époque, il n'y avait que les fax qui fonctionnaient correctement. L'air conditionné était installé dans les hôtels, mais pas dans les immeubles privés ni dans les ministères chinois. On retrouvait encore les ventilateurs à grandes pales comme dans les films des années 1930.

Les frigidaires n'existant pas, aussi les chinois allaient tous les jours au marché acheter les légumes du jour. La pause d'un micro-ondes dans un immeuble entraînait immédiatement une panne d'électricité pour tout l'immeuble. Les chinois commençaient à quitter leurs costumes Mao en faveur de costumes européens avec cravate. Les femmes se faisaient couper les cheveux pour la première fois et la disparition des nattes était considérée comme un évènement social marquant. Les premiers cosmétiques commençaient à apparaître. En fait, je souligne cette évolution qui, en fait, allait de pair avec le passage d'une économie étatique à une économie de marché. La Chine devait adhérer à l'Organisation mondiale du Commerce en 1999, après 17 ans de négociations auxquelles j'ai longuement participé. Pendant la période de Tienanmen, les chinois envoyèrent un ministre en costume Mao qui n'avait pas l'autorisation de parler l'anglais. Ce n'est que lorsque le Parti communiste considéra que l'adhésion à l'OMC favoriserait les exportations chinoises que la partie fut gagnée.

Les Chinois découvrent progressivement l'économie de marché

À la suite des évènements de Tienanmen, les Chinois commencèrent progressivement à découvrir l'économie de marché. Le fait que la Chine souhaitait devenir membre de l'OMC l'obligea à revoir complètement sa nomenclature douanière, mais ce processus fut de très longue durée. La négociation en effet dura dix-sept ans et couvrit l'ensemble des importations et exportations chinoises. Il en est résulté que la Chine a été obligée de réduire ses tarifs douaniers, pour le plus grand bonheur des entreprises européennes et américaines qui virent enfin l'opportunité de s'implanter en Chine. Suite à la baisse des tarifs douaniers, des industries automobiles telles que Volkswagen et Ford, voyant les tarifs descendre de 80 % à 20 %, ont pu enfin créer des filiales en Chine.

La dure bataille agricole

Pour les produits agricoles, la bataille fut encore plus dure. La production agricole en Chine était largement subventionnée et concernait plus de 800 millions de paysans qu'on devait se garder de trop mécontenter. Il fallait aussi tenir compte de la concurrence de Taiwan qui voulait entrer à l'OMC en même temps que la Chine. Un artifice de procédure fut trouvé et Taiwan put y accéder à son tour, mais quinze jours seulement, après la Chine populaire. De ce fait, les tarifs douaniers de Hong Kong et Macao durent être réajustés.

Le ministre chargé des négociations, Long Yong Tu, fut un partenaire des plus loyal et, lorsque j'entrais chez Hennessy après mon départ, c'est tout naturellement que j'enchaînais mes relations avec lui et que j'ai pu obtenir une réduction des droits sur le cognac de 50 % à 10 %.

Comme tout le monde le sait, la Chine vit aujourd'hui, essentiellement de ses exportations. Exportations particulièrement performantes dans le domaine des textiles, des jouets, de l'informatique, et de la téléphonie mobile. De ce fait, les cinquante millions de chinois d'outremer constituent un réseau fantastique pour le ministère du Commerce extérieur. Un million de chinois résident aux États-Unis, cinq millions en Europe et quinze millions en Thaïlande, Indonésie, Australie et Corée du Sud, sans oublier Singapour qui, bien que micro-État, n'en reste pas moins une fenêtre ouverte sur l'Asie du Sud-Est.

La Chine reçoit 50 milliards de dollars annuels en investissements étrangers ; américains, allemands, hongkongais et chinois d'outre-mer sont les principaux investisseurs à l'extérieur du pays. La Banque mondiale, de son côté, aide la Chine sur le plan de son infrastructure : routes, aéroports, infrastructures portuaires, qui sont de parfaits exemples de réalisations à base de capitaux étrangers. Shanghai en est d'ailleurs la vitrine permanente.

Lorsque je suis arrivé en Chine en 1988, c'était loin d'être une puissance monétaire, le gouverneur de la banque centrale chinoise, qui participait aux réunions du Fonds Monétaire International ne parlait même pas l'anglais. Tout bascula en 1996, quand Zhu Jong Ji devint gouverneur de la banque centrale.

Le cours du yuan, qui était indexé à un panier de monnaies non convertibles, fut rattaché au dollar à Hong Kong. C'était certes un progrès, mais cela obligeait les entreprises étrangères à négocier chaque fois les rapatriements de leurs devises. Il est clair que le yuan est surévalué par rapport au dollar, situation qui convient parfaitement aux chinois puisqu'elle facilite leurs exportations.

Les Américains ont demandé aux chinois à plusieurs reprises, sans succès d'ailleurs, de réévaluer leur monnaie, À ce jour, c'est un problème qui n'a pas encore été tranché. Il est probable que les Chinois ont peur d'une évasion de capitaux en cas de réévaluation du yuan. C'est sans doute la raison pour laquelle, en dépit des demandes pressantes d'Edgar Snow, Secrétaire du Trésor des États-Unis, cette réévaluation tardera à se faire.

Pendant mon séjour à Pékin, j'ai tenté d'attirer l'attention des chinois sur le développement de l'Euro et l'intérêt pour eux de diversifier leur réserve monétaire. La Chine est un pays où l'épargne est très développée. Il y a une tradition chinoise très ancrée dans les esprits, depuis Confucius, d'épargner. Et il n'est pas rare de trouver encore, sous le matelas de certains chinois, des liasses de billets de banque. C'est ainsi que mon professeur de chinois Yu qi Long avait toujours conservé un montant en Francs Pinet.

J'attirais l'attention de Raymond Barre sur l'énorme montant de la réserve chinoise en dollars (près de 800 milliards) et sur la possibilité de convertir une partie de ce montant en Euros. Il vint à deux reprises en Chine rendre visite au Premier ministre Ju Rong Ji, qui était en même temps gouverneur de la Banque Centrale, pour essayer de le convaincre. C'est d'ailleurs, grâce à lui qu'un quart des réserves de la Chine est aujourd'hui en Euros. Les Chinois se sont également ralliés aux conseils de Raymond Barre en établissant des contacts avec la Banque Centrale Européenne de Francfort, ce qui a permis à la Chine de résister à la crise du dollar.

Les banques chinoises ne sont pas très bien organisées et le crédit est mal distribué. Seules les banques de Hong Kong ont un savoir-faire financier, ce qui leur a permis de se situer parmi les premiers investisseurs en Chine. C'est ainsi que les Hongkongais ont pu acquérir nombre d'hôtels de luxe et disposent d'un réseau important sur Shanghai. Mais la Bourse de Shanghai n'a pas encore atteint la dimension de celle de Hong Kong. Il faudra un certain temps encore pour que le marché financier chinois puisse se développer.

Taux de croissance en Chine

La Chine a une croissance de près de 10 % et ceci, depuis une trentaine d'années ; mais elle va devoir développer son marché intérieur et ne pas vivre uniquement sur ses exportations qui entraînent une surchauffe de l'économie et à terme des problèmes sociaux, comme les récentes émeutes paysannes peuvent en témoigner.

Depuis mon arrivée en Chine en 1988, une classe moyenne s'est développée. C'est un des faits les plus importants de l'évolution sociale récente. Il s'est constitué une classe de nouveaux managers qui circulent dans des voitures de marque, au milieu des milliers de bicyclettes qui parcourent Pékin. J'ai eu l'occasion de pénétrer cette classe de managers, ceux-ci m'invitant plus souvent que les fonctionnaires, qui craignaient eux d'être dénoncés au parti pour avoir reçu un visiteur étranger. Ces mêmes managers avaient obtenu l'autorisation d'enseigner à l'université du Parti communiste et à l'école diplomatique, ce qui avait pour conséquence de placer un cadre du parti, en Chine, au même niveau qu'un professeur de Harvard. C'est un point très important sur le plan de l'évolution politique du pays, sauf qu'entre instruire des futurs cadres et leur permettre d'appliquer des techniques de management dans la vie courante chinoise, il y a une marge que les Chinois ne peuvent se permettre de franchir, leur foi dans le parti, étant en contradiction avec l'économie de marché.

La Chine reste en principe communiste, mais il est certain que l'économie de marché a aujourd'hui profondément pénétré la classe politique. Ceci ne veut pas dire que la libéralisation est pour demain. Le monopole du Parti communiste est un des fondements intangibles de la vie politique chinoise et la Perestroïka de Gorbatchev, qui avait introduit le multipartisme, a toujours été considérée par les Chinois comme la raison même de la chute de son initiateur. Il faut ajouter qu'une autre raison fut la corruption qui régnait chez les membres du Parti communiste soviétique. Cette corruption s'est d'ailleurs étendue à la Chine et s'est surtout développée dans les provinces, au niveau des gouverneurs et des autorités locales. Le maire de Pékin, par exemple, a été compromis dans l'organisation des Jeux olympiques. Il avait détourné à son profit des sommes d'argent très importantes en privilégiant certains projets, notamment celui de la construction du nouveau Stade de Pékin.

Cette nouvelle classe moyenne a plusieurs caractéristiques. Tout d'abord, les couples qui la composent travaillent pour un montant égal et gagnent de ce fait deux salaires. L'enfant unique, en les dispensant d'avoir des frais trop lourds d'éducation, leur permet d'être des consommateurs qui participent à la croissance économique de la Chine.

La consommation s'est beaucoup développée en Chine. Les Chinois ont un goût immodéré pour les marques étrangères, et il n'est pas rare de voir un costume porté par un chinois où la marque Dior est inscrite en toutes lettres sur ses manches.

Les Chinois ont, d'autre part, un équipement technologique internet très au point et fabriquent eux-mêmes des ordinateurs à bas prix. C'est un des premiers marchés de la téléphonie mobile. Il m'arrivait souvent, de Paris, d'atteindre par téléphone un ami chinois se trouvant au fin fond de la campagne chinoise. Internet permet un très grand intérêt de la classe moyenne pour la vie politique. Les éditoriaux de journaux comme : *Libération*, *Herald Tribune* ou *The Economist* sont traduits en chinois, ce qui n'arrange pas le gouvernement, car la liberté de la presse en Chine est encore très restreinte.

Les Chinois puisent leurs sources d'information non seulement dans les journaux mais au cours de voyages à l'étranger qu'ils effectuent de plus en plus souvent, le tourisme s'étant beaucoup développé. Il faut songer que rien que cette année (2006), 20 millions de touristes chinois se sont déplacés en Europe et que l'on prévoit 50 millions dans les vingt prochaines années. Le touriste chinois dépense aujourd'hui environ 3 000 Euros par semaine. En outre, les Chinois du continent visitent régulièrement les Chinois d'outre-mer (50 millions) et ceci constitue une ouverture importante, notamment avec les 20 millions de chinois qui résident aux États-Unis.

Les universités de la côte Ouest des États-Unis, comme Berkeley et Stanford, sont devenues des réservoirs de culture importants. Il ne faut pas oublier que la Chine dispose de mathématiciens, de physiciens et de chimistes de grande qualité et leurs contacts avec les chercheurs américains sont permanents. Bien que la recherche en Chine était protégée pendant la révolution culturelle, il faut admettre qu'aucun chercheur n'a eu trop de difficulté avec le régime Maoïste, ce qui a permis à la Chine d'envoyer un cosmonaute dans l'espace et à la Chine d'effectuer une cinquantaine de vols spatiaux.

Le Centre spatial de Lop Nor, situé non loin du Tibet, est une merveille d'ingénierie scientifique. Une des raisons d'ailleurs pour laquelle la Chine est intéressée de garder le Tibet sous son contrôle, est que la majeure partie des recherches spatiales sont effectuées dans cette région.

La médecine en Chine ?

Un domaine dans lequel la Chine a fait des progrès considérables est celui de la médecine. Lorsque je suis arrivé en Chine, les Chinois n'utilisaient que la médecine chinoise à base de plantes, destinée à soigner les maladies courantes, mais elle était impuissante dans le domaine du cancer. Progressivement, les Chinois ont eu recours à la médecine occidentale et, aujourd'hui, il existe une sorte de synthèse entre les deux médecines. Il n'est pas rare qu'à la sortie d'une consultation on reçoive en même temps qu'un sachet de plantes des comprimés d'antibiotiques.

Quand je me rendais dans les villages chinois, il y avait dans chaque village ce qu'on appelait : « des mandarins aux pieds nus », sortes d'infirmiers supérieurs, ce qui fait qu'on peut dire aujourd'hui que la Chine a eu, au départ, des soins de santé bien supérieurs à ceux de l'Inde.

Au cours de ma représentation en tant qu'ambassadeur de l'Union européenne, j'ai pu convaincre la Commission d'intervenir dans deux domaines très différents : la lutte contre le sida et l'introduction de la psychanalyse.

Le sida a commencé à se répandre en Chine dans les années 2000. Venu de Thaïlande et du Laos, il a réussi à pénétrer d'abord le Sud de la Chine puis s'est très rapidement répandu dans les villes de la côte : Canton et Shanghai. En accord avec la Mairie de Shanghai, j'ai réussi à organiser une campagne d'information et à distribuer un million de préservatifs à la population. Il faut savoir qu'au début de cette maladie la politique chinoise était très répressive, les malades étant tout simplement internés en prison.

À ce sujet, j'ai rencontré à plusieurs reprises le ministre chinois de la santé pour lui proposer une aide de la part de médecins britanniques, français et belges, qui avaient mis au point la trithérapie (moyen le plus sûr pour retarder la propagation du virus). Cette aide de la Commission a été déterminante dans la lutte contre le sida. Par ailleurs, Jacques Delors a pu obtenir les crédits nécessaires à la formation de médecins chinois qui ont pu entreprendre des stages dans les pays membres de l'Union européenne auprès de leurs collègues spécialisés dans la lutte contre le sida.

Je crois, en effet, que le problème de la santé d'un milliard trois cent millions habitants est capital et qu'il serait non seulement intéressant, mais indispensable, que les universités de l'Union européenne puissent créer des chaires d'enseignement de la médecine chinoise. Il en existe une en Allemagne, mais en France où j'ai essayé d'en créer une à l'université de Bordeaux, le recteur de l'université m'a déclaré que le corporatisme des médecins bordelais empêchait une telle innovation.

En fait, le statut des médecines naturelles de l'acupuncture ne sont pas très claires dans l'Union européenne Il y aurait un sérieux effort de clarification à faire et le petit pas en avant que j'ai pu accomplir dans le domaine de la santé a été un pas majeur dans le développement de la médecine en Chine. Je dois ajouter que, même à Hong Kong où la médecine est de qualité moyenne, elle mériterait d'être mieux contrôlée.

Cette classe moyenne chinoise éduquée dans les universités occidentales, qui voyage, consomme et se soigne, représente un potentiel considérable pour le développement du pays. Mais même si elle parait parfaitement adaptée aux mœurs et conditions de vie occidentales, on peut se demander comment elle réagit profondément à ce style de vie. C'est la question que je me suis posée tout au long de mon séjour en Chine et que je me pose encore. Cette classe de chinois dispose certainement de tous les moyens d'information possibles, mais il est très difficile de savoir exactement ce qu'elle pense et comment elle réagit sur le plan de l'évolution des sentiments.

La psychanalyse : une discipline difficile à se faire accepter

Les difficultés que j'ai eu à faire accepter l'introduction de la psychanalyse en disent long à cet égard. Le Parti communiste considère en effet que la psychanalyse est contraire au matérialisme marxiste et risque de remettre en question la conviction des jeunes chinois dans l'espoir communiste. Aux yeux du parti, si la société évolue vers une amélioration des conditions de vie, c'est grâce au matérialisme marxiste. Il ne parait donc pas nécessaire de recourir à une analyse individuelle qui serait contraire à l'intégration d'un jeune communiste dans la société.

Ce n'est que récemment que les psychanalystes européens ont été autorisés à exercer, en nombre limité, leur profession en Chine. Un psychanalyste allemand m'a confié que toutes ses consultations étaient mises sur écoute et qu'il avait du s'expliquer à plusieurs reprises avec la sécurité chinoise. La question est donc de savoir si la réussite matérielle de cette nouvelle classe moyenne lui permettra de développer sa liberté de jugement et la fera progresser dans la conquête de l'individuel.

Il est intéressant, par exemple, de constater qu'à mon époque les librairies chinoises ne comportaient pas de livres dans le domaine poétique ou romanesque, mais uniquement, des ouvrages d'économie politique marxiste. J'avais donc affaire à une génération qui n'avait jamais lu un roman ou un poème, alors que, comme tout le monde le sait, la culture chinoise comporte de grands poètes et romanciers. Avec l'arrivée de Mao Tsé Tung en 1949, la Chine a connu un vrai désert culturel. Romans et poésies paraissaient en « dazibao », c'est-à-dire en photocopies que l'on se passait de main à main sous le manteau.

Tout le mouvement des étudiants de Tienanmen a été préparé de cette manière et rappelle par certains traits la période des encyclopédistes français. On se souvient encore d'écrivains comme Diderot ou Rousseau, qui faisaient paraître leurs ouvrages clandestinement, ou plus récemment d'intellectuels russes, comme Sakharov ou Soljenitsyne, qui faisaient publier leurs œuvres aux États-Unis. À cet égard, on peut dire que la Chine n'a pas encore fait sa révolution intellectuelle.

Contrairement à l'image courante, qu'on se fait des chinois, ils peuvent être très différents les uns des autres selon les latitudes où ils vivent. Par exemple, dans le Sud, ils sont plutôt petits et basanés, alors que dans le Nord, ils sont plus grands mais tous avec ce cheveu raide noir jais et ces yeux bruns que nous connaissons bien. S'ils n'ont pas beaucoup d'allure, les Chinois ont par contre une retenue permanente qui contrôle toute leur gestuelle. Ils tirent leur orgueil du fait qu'ils se considèrent issus de la plus ancienne civilisation du monde.

Un sens du temps très différent du nôtre

Curieusement, le sens du temps leur appartient. Ils peuvent vous donner l'heure exacte sans jamais regarder leurs montres. En fait, les Chinois sont des ruraux par excellence, supportant froid et fatigue sans difficulté avec, en plus, une faculté d'inertie extraordinaire. Il faut cependant savoir qu'on n'a pas intérêt à les humilier, car ils deviennent rapidement hostiles.

Contrairement aux occidentaux, il semble que le temps ne compte pas pour eux. En négociation, par exemple, ils s'expriment lentement sans jamais se presser et en ne manifestant jamais un sentiment particulier. Les Européens qui débarquent en Chine en vue d'une négociation, et dont le temps est minuté, sont rapidement au bord de la crise de nerfs lorsqu'ils s'aperçoivent que l'heure passant, la négociation n'a pas avancé d'un pouce.

Je tenais à indiquer ces quelques traits de caractère, car les occidentaux ont souvent des idées toutes faites sur les chinois qui ont occasionné bien des malentendus. Je dois dire aussi que, dans l'ensemble, le Chinois reste un partenaire fiable avec qui j'ai pu coopérer sans trop de difficulté. J'ajouterais que les six années que j'ai passées en Chine m'ont permis de les apprécier et de garder des amitiés fidèles.

Le Président Delors m'a demandé un jour de prévoir une rencontre avec le ministre des Affaires étrangères chinois : Qian Qichen. Les négociations se déroulèrent pendant une année et ce n'est qu'en mars 1991 que le ministre chinois a pu se rendre à la Commission de Bruxelles. Ouvert, le ministre fut réellement l'artisan de la reprise des relations politiques entre la Chine et l'Europe.

Je me souviens que lorsque nous sommes arrivés à la Commission en voiture, il y avait au Parc du Cinquantenaire une manifestation de Tibétains qui protestaient contre l'occupation de leur pays par la Chine. Le ministre chinois ne sourcilla pas un instant et me déclara sur un ton blasé : « J'ai habitude ! »

Au début de l'entretien, Jacques Delors expliqua au ministre chinois les efforts effectués par la Communauté Européenne pour aider la Russie nouvelle à combler son déficit financier ; j'entends encore le ministre chinois lui dire : « Si vous donnez cet argent à la Russie, vous allez combler un trou sans fin. Si vous le donnez à la Chine, elle en fera sûrement meilleur usage. » Jacques Delors ne résista pas cependant à la tentation d'évoquer le fait que les Chinois avaient l'habitude de diviser les pays membres de l'Union européenne et de les jouer les uns contre les autres. Je crois que c'est la première fois que les Chinois prirent conscience que les pays de l'Union formaient une Communauté soudée et que ce concept commençait à faire autorité sur la scène internationale.

On découvrit aussi que, bien que ministre des Affaires étrangères, Qian Qichen avait un rôle modeste au sein du parti. Il n'était que le 47e membre du Comité central. Son autorité au sein du parti était donc limitée. En revanche, il avait la confiance de Deng Xiao Ping, ce qui lui donnait les coudées franches dans les négociations qu'il avait avec ses interlocuteurs. Une conclusion s'imposait dans toutes les négociations que nous avons menées. Nous avions affaire en fait à deux interlocuteurs : le ministère des Affaires étrangères et le Parti communiste. Une négociation comme celle de l'entrée de la Chine à l'OMC a duré 17 ans, parce qu'il a fallu convaincre les instances du parti qu'il fallait baisser les droits de douane et que ceux-ci entraîneraient une augmentation du commerce chinois. Le problème de la convertibilité du yuan est aussi du même ordre.

Il est également important de mentionner la relation des autorités chinoises avec le Parlement européen, que le représentant de la Commission avait pour mission de gérer. C'est surtout sur le problème des droits de l'Homme et du Tibet que le Parlement européen a développé son intérêt. Celui-ci a envoyé plusieurs délégations en Chine, au moment où j'étais en poste, mais il faut hélas reconnaître que les résultats furent limités. Le Tibet était considéré comme un sujet tabou par les Chinois. Une des raisons pour lesquelles le Tibet intéresse la Chine, c'est parce que ses missiles sont enterrés dans les montagnes de l'Himalaya. Elle a cependant fait des efforts d'investissements économiques en développant une infrastructure routière importante, mais il est clair que Pékin reste très restrictif sur le plan des libertés politiques accordées aux Tibétains.

En tant que non violent, un Tibétain ne peut entrer dans l'armée chinoise et s'il a des convictions religieuses, il ne peut pas être inscrit au parti. Les contacts entre le Dalaï-lama et les autorités chinoises ont jusqu'à présent échoué, mais il est clair qu'un statut de région autonome serait souhaitable. Je me souviens d'avoir réussi à obtenir pour le Parlement européen la possibilité de recruter pour six mois deux stagiaires tibétains. De plus, pour avoir le droit de sortir de leur pays, ils devaient connaître au moins trois langues : la leur, le chinois et l'anglais. Ce qui implique une difficulté réelle.

La Communauté Européenne ayant une politique d'aide au développement, un montant annuel de 50 millions de dollars était affecté à l'époque à cette politique. Différents projets agricoles étaient réalisés pour lesquels la Communauté intervenait par des aides financières et techniques. C'était dans l'ensemble des programmes plus modestes que ceux de la Banque mondiale, qu'elle appelait des « micro-projets », car elle avait, elle, une politique d'aide beaucoup plus importante concernant de grandes infrastructures : routes, aéroports, barrages, etc.

C'est dans ce cadre et avec le soutien du maire de Shanghai, Zhu Rongi, qui fut ensuite Premier ministre, que fut créée une Business School, CEIBS, financée par la Communauté Européenne à concurrence de 12 millions de dollars. Cette école, qui a été construite par l'architecte américain Pei à Pudong, ville satellite de Shanghai, dispense un enseignement dans le domaine du commerce et du management à environ 180 étudiants chinois. Ces étudiants sont tous des *post-graduates* et suivent une scolarité de deux ans qui se termine par un stage de six mois dans une firme européenne (Fiat Framatome, Siemens, etc.). C'est ainsi que s'est créé un réseau de Chinois familiers des techniques du management européen. Une telle expérience a été souvent pratiquée par les universités américaines qui ont ainsi disposé, grâce à cette méthode de sélection, d'un tissu de contacts en Chine. La localisation de la Business School CEIBS à Pudong, une des villes nouvelles près de Shanghai, est un des symboles de la Chine ouverte sur le monde.

Un domaine très délicat dans la sphère des relations Chine - Europe, a été la négociation de l'entrée de la Chine à l'OMC. Cette adhésion a représenté un événement capital dont l'importance excède largement le cadre du commerce international. Non seulement cette adhésion a permis à la Chine d'asseoir sa position de puissance commerciale mondiale, mais de consolider également son processus de réformes économiques et sociales.

Son ouverture progressive à l'économie internationale a permis à la Chine de devenir un des principaux bénéficiaires de la mondialisation. En 2002, elle figurait au cinquième rang des puissances commerciales, avec un volume total d'exportations et d'importations équivalent à 620 milliards de dollars. La Chine a également supplanté les États-Unis en tant que premier bénéficiaire mondial d'investissements étrangers, ceux-ci se chiffrant à 52 milliards de dollars.

Suite à mon départ de Pékin en 1994, j'ai eu l'occasion de travailler comme consultant dans la société LVMH pour le compte d'Hennessy et de participer à la négociation sur la réduction des droits de douane du cognac. J'ai ainsi entretenu une relation étroite de 1994 à 2001 (date de l'adhésion de la Chine à l'OMC), avec Monsieur Long Yongtu, le négociateur chinois. Cet homme aux qualités remarquables a engagé une révision complète de la législation chinoise. Que de fois avons-nous discuté ensemble sur le respect des exigences de l'OMC, sur les problèmes liés à l'accès du marché, aux services financiers, à l'application des règles de la propriété intellectuelle et surtout sur la question si épineuse de la contrefaçon. J'ai pu vérifier combien il était difficile de vaincre l'opacité de la gouvernance économique et la lourdeur des réglementations chinoises. C'était la remise en cause de toute une culture protectionniste en faveur de l'industrie locale. J'ai eu beaucoup d'admiration pour l'énergie de ce négociateur chinois.

La Chine et l'Union européenne

Il est important d'inscrire la relation de la Chine avec l'Union européenne dans la durée.

Le sixième Sommet annuel entre l'Union européenne et la Chine s'est tenu à Pékin sous la présidence du Premier ministre Berlusconi, le 3 octobre 2006 sur les potentialités de la relation stratégique entre les deux partenaires.

Atmosphère positive que concrétisent trois accords :

- le premier sur le programme Galileo de navigation par satellite ;
- le deuxième sur l'intensification des échanges touristiques ;

le troisième, l'instauration d'un nouveau dialogue sur la politique industrielle et la publication à Bruxelles et à Pékin de deux documents affirmant la volonté des deux partenaires de développer leur coopération dans tous les domaines.

La nouvelle stratégie chinoise de l'Union européenne met l'accent sur la nécessité d'accroître l'efficacité du dialogue politique et d'approfondir les discussions en cours sur les droits de l'homme. L'on veut de plus s'assurer que la Chine respecte les obligations de l'OMC et renforce son processus de réforme.

La nouvelle stratégie de la Chine à l'égard de l'Union européenne considère que l'Union doit respecter le principe d'une seule Chine à propos de Taiwan et de n'entretenir aucun contact avec le Gouvernement en exil. La Chine réclame le statut d'économie de marché et la levée de l'embargo sur les ventes d'armes.

L'approfondissement du dialogue politique signifie que des questions telles que la non-prolifération, la lutte contre le trafic d'armes et de drogues, l'immigration clandestine, sont désormais abordées, de même que des conversations sur la politique industrielle, la concurrence, l'éducation, l'environnement et les nouvelles technologies. Dans le domaine commercial, l'Union européenne se montre plus pragmatique que les États-Unis dont le déficit commercial avec la Chine s'élève à 103 milliards de dollars. Pascal Lamy, commissaire européen au Commerce, estime que l'essentiel est la poursuite de la progression des exportations européennes en Chine.

L'accord facilitant l'octroi de visas touristiques aux Chinois est très important et devrait susciter l'intérêt des professionnels occidentaux du tourisme. D'ici à 2020, près de 100 millions de voyageurs chinois devraient sillonner la planète et la Chine pourrait supplanter la France comme première destination mondiale dans le domaine du tourisme. La Chine opère ainsi en une génération des mutations que nos pays occidentaux ont mis 150 ans à accomplir.

En conclusion, je dirais que si nous devions donner raison à Kipling : « East is East and West is West and never the twins will meet », l'avenir de l'humanité s'annoncerait assez sombre. Avec moins de suffisance et plus de curiosité, je dirais simplement aux Européens de découvrir que ce que la Chine peut offrir à l'Europe : un sens de la responsabilité sociale doublé d'une attention à l'autre. En ce sens, un détour par la Chine est loin d'être inutile.

Le document chinois sur la coopération entre la Chine et l'Union européenne a été publié le 10 octobre 2003. C'est le premier document rédigé par le ministère des Affaires étrangères Chinois depuis 1975, date de la reconnaissance de l'Union européenne par la Chine. Ceci souligne l'importance que la Chine attache à ses relations avec l'Union européenne dans le contexte de la multipolarisation et de la globalisation économique. Ce document inclus tous les secteurs de coopération économique et commerciale que la Chine souhaite voir se développer.

En ce début du XXe siècle, la situation internationale connaît de profonds changements. La multipolarisation du monde et la globalisation économique progressent, tandis que paix et développement demeurent des thèmes majeurs. Tandis que l'humanité fait face à nombre de défis, la Chine elle, s'applique à édifier sur tous les plans une société d'aisance moyenne, en souhaitant contribuer à la création d'un environnement international favorable. Poursuivant comme par le passé sa politique extérieure d'indépendance et de paix, elle travaillera en commun avec les autres pays du globe et sur la base des cinq principes de la coexistence pacifique à l'instauration d'un nouvel ordre politique et économique respectueux de la diversité du monde, à la démocratisation des relations internationales et à la préservation de la paix mondiale.

Pour terminer, je dirais que La Chine attache une grande importance au rôle et à l'influence de l'Union européenne dans les affaires régionales et internationales. Comme l'histoire l'a prouvé, l'établissement en 1975 de relations officielles entre la Chine et la Communauté économique européenne a servi les intérêts de chacune des deux parties. Malgré certains problèmes, les relations sino-européennes dans leur ensemble se sont développées favorablement et gagnent en maturité de jour en jour. Grâce au démarrage d'un Sommet annuel institutionnalisé en 1998 et à l'instauration d'un partenariat global en 2001, la Chine et l'UE se consultent toujours plus fréquemment dans les domaines politiques, économiques, commerciaux, technico-scientifiques, culturels, éducatifs et mènent une coopération fructueuse. Les relations sino-européennes n'ont jamais été aussi bonnes.

Du fait de leur différence en ce qui concerne leur passé historique, leurs traditions culturelles, leur régime politique et leur degré de développement économique, il est normal que la Chine et l'Europe aient des point de vues différents et que des divergences existent sur certains sujets, mais la Chine et l'UE ont beaucoup plus de points communs que de divergences. Elles se prononcent toutes deux pour la démocratisation des relations internationales, et pour le renforcement du rôle de l'ONU face au terrorisme international. Toutes deux préconisent l'élimination de la pauvreté, la protection de l'environnement et la réalisation du développement durable. Il serait intéressant de voir aujourd'hui si cette évolution a eu lieu et si les divergences ont perdu de leur importance.

Hong Kong

Pendant mon séjour en Chine, et durant mon mandat à LVMH, j'ai eu très souvent l'occasion de me rendre à Hong Kong et à Macao. Ces deux villes témoignent, de manière très significative, du lien entre Occident et Orient. Hong Kong est le symbole de la colonisation britannique dans ce qu'elle a de meilleur et de pire. Macao, d'une manière plus atténuée, représente un effort très réel des portugais pour essayer d'assimiler cette petite colonie au monde occidental. Pour Hong Kong ce fut l'armée britannique qui en fut l'instigatrice, pour Macao, les Jésuites portugais.

Les 74 Kms carrés qui constituent la ville de Hong Kong forment un ensemble extraordinaire. D'une part, une forêt de grattes ciel et de constructions audacieuses représentant ce qu'on fait de plus novateur sur le plan de l'architecture futuriste. D'autre part, un port et des temples bouddhistes dans les îles de Lantau et de Sha tin, témoignant d'un passé chinois dans ce qu'il a de plus traditionnel. Les résidences des Hongkongais sont d'un confort extraordinaire. On y découvre des innovations technologiques que l'Europe ne connait pas encore. Le téléphone portable visuel est couramment utilisé, et les appartements insonorisés permettent d'écouter la musique dans une perfection sonore totale.

Fait surprenant, quand vous vous rendez à la messe à Hong Kong, les cours de la Bourse sont affichés sur les parois latérales de l'église, en même temps que le texte de l'évangile. Le sens du profit est tellement présent en Chine, et surtout à Hong Kong, que presque tous les étudiants manient trois portables : un pour acheter, un pour vendre et le troisième pour arbitrer. Il arrive souvent, pendant leurs cours, que les opérations boursières prennent le dessus sur les sujets traités.

Les chinois ont un goût immodéré pour le jeu et tout spécialement pour les courses de chevaux. À l'hippodrome de Sha tin, les yeux rivés sur les écrans, ils déchiffrent avec angoisse le résultat des courses. Celles ci se déroulent à partir de 9 heures du soir. Pendant que l'on absorbe une soupe chinoise dans sa loge, les résultats s'affichent, défilant avec une rapidité électronique incroyable. Le soir même, les minuscules jockeys chinois font irruption dans votre loge pour vous conseiller les meilleurs paris à faire pour le lendemain.

Un paradoxe difficile à comprendre pour les occidentaux est qu'en dépit de leur grande aisance économique, les Hongkongais continuent de rester intraitables sur le plan des droits de l'homme depuis la rétrocession de leur territoire à la Chine en 1999. Habitués au jeu démocratique pratiqué par les anglais, les chinois de Hong Kong ont du mal à obéir aux règles sévères du Parti communiste d'une Chine populaire monopolistique. Les élections au Conseil législatif l'ont d'ailleurs démontré. Il semblerait que le représentant de la Chine populaire, Tung Che Hua, n'a pas su conquérir l'estime de la population.

Le jour de la fameuse Cérémonie de Rétrocession, le 30 juin 1999, on sentait réellement le choc de deux civilisations : l'une qui partait, l'autre qui arrivait. Au moment où le drapeau britannique fut lentement et cérémonieusement descendu par les Scottish Guards, le prince Charles et l'ancien gouverneur de Hong Kong, Chris Patten, avaient du mal à contenir leur émotion. Une fois le drapeau chinois hissé au haut de la hampe, le président Zhang Ze Min, sans un mot à l'égard des anglais, salua le drapeau rouge de la République populaire de Chine qui remplaçait le drapeau anglais au sommet de la hampe, tandis que la foule chinoise applaudissait sans réserve. Et lorsque la délégation anglaise avec, à sa tête, le prince Charles, monta dans une vedette de la Navy pour rejoindre le croiseur de la marine anglaise, on sentait de manière très sensible, qu'on allait basculer dans un autre univers et que l'espèce de décontraction et d'aisance libérale qui avait régnées jusqu'ici touchait à sa fin.

Il faut cependant admettre qu'en dépit des scénarios les plus noirs qu'on avait imaginés, les chinois ont plutôt réussi cette transition difficile. Le changement de régime n'a pas entraîné de conséquences graves sur le plan économique comme on pouvait le craindre et la Bourse de Hong Kong continue d'afficher de bonnes performances.

Les chinois ont établi des liens très développés entre la Bourse de Shanghai et celle de Hong Kong. Il faut reconnaitre que beaucoup des shanghaiens qui s'étaient réfugiés à Hong Kong en 1949 constituaient l'élite bancaire et commerciale de la ville. La construction de la banque de Chine par le célèbre architecte sino-américain Pey, fut une réussite. Je me souviens d'un dîner offert au 40e étage de la banque, par le gouverneur de Hong Kong, où même au cours du dîner, certains invités s'échangeaient en shanghaien la valeur des titres boursiers.

Depuis la rétrocession, l'armée chinoise est restée très discrète dans ses interventions et l'ordre public n'a pas eu à en souffrir. Le Club Royal de Hong Kong s'est naturellement défait de ses armoiries anglaises et les chinois ont pu enfin être admis dans ce lieu réservé aux seuls britanniques. Pour bien marquer le coup, le China Club s'est pourvu à son tour d'un superbe service en cristal et d'assiettes en porcelaine de l'époque Ming, rappelant à tout instant que Hong Kong n'était plus britannique mais bien chinois.

Sur le plan commercial, la plupart des sociétés installées à Hong Kong ont prospéré et triplé leurs bénéfices. Une maison comme Vuitton, par exemple, a ouvert successivement cinq boutiques. Dior en a ouvert quatre. Le luxe règne en maitre à Hong Kong, d'autant plus qu'aujourd'hui de nouvelles marques de luxe chinoises ont commencé à faire leur apparition. Le parfum « Miss France », par exemple, lancé par Dior et très apprécié sur le marché, a été fabriqué à partir de plantes chinoises.

On compte actuellement 500 milliardaires chinois, tous bien sûr grands consommateurs du luxe européen. J'ai eu l'occasion de rencontrer l'un d'entre eux, monsieur Hang, qu'on surnommait à juste titre le roi de l'escargot. Ce milliardaire possédait en effet une grande propriété dans les nouveaux territoires. Quand on parcourait son domaine, on pouvait apercevoir des milliers d'escargots se promenant sur des feuilles de salade. Tous ces escargots étaient mis en conserve et on les retrouvait dans les grandes surfaces telles que Carrefour et Auchan. Cela valut à monsieur Hang le titre de « Sir » de la part du gouvernement britannique.

On pourrait se poser la question de savoir comment on devient milliardaire en Chine autrement qu'en élevant des escargots ? Une des réponses réside dans le fait que les chinois, et pas seulement ceux de Hong Kong, ont placé leur argent dans les deux tiers de la dette américaine en achetant des bons du Trésor. Ceci au point que, si les chinois décidaient de retirer soudainement leur investissement, Wall Street risquerait d'exploser.

Hong Kong reste une sorte de Manhattan tropical sur fond de montagnes avec une floraison de gratte-ciel dévorant chaque jour un peu plus la mer. La Baie de Hong Kong conserve toujours son charme et la promenade en sampan où l'on vous offre une friture de calamar garde encore beaucoup de cachet.

Hong Kong, collusion entre l'Orient et l'Occident, ville du XXIe siècle, sera avec Los Angeles, Tokyo, Sydney, Singapour, New York, une des villes les plus dynamiques du nouveau siècle.

Macao

À côté de Hong Kong et de sa frénésie commerciale, Macao constitue une enclave anachronique, héritière du long passé de la colonisation portugaise. Des églises baroques décorées d'azulejos avec des motifs bouddhiques, de vieilles demeures coloniales entourées de caroubiers, des balcons en fer forgé, une végétation luxuriante, voilà le décor de cette enclave, témoignage d'un passé révolu.

Le Casino à Macao est aussi important que le palais du gouverneur. « Macao ou l'enfer du jeu » est loin d'être un cliché. Les petits flambeurs de Hong Kong prennent l'hydroglisseur pour venir y jouer. Ce qui frappe en effet, dès que l'on arrive à Macao, c'est l'importance du Casino Lisboa, un bateau flottant de huit étages avec environ une cinquantaine de salles de jeux, des salons particuliers très spacieux ouverts jours et nuits avec, au rez-de-chaussée, des guichets où les clients peuvent mettre en gage leurs montres et même leurs ticket de ferry.

On est bien loin du décor de Monte Carlo. La plupart des clients sont des chinois à la chemise trouée qui jouent au poker toute la nuit. À côté du casino, un immense hôtel de passe accueille perdants et gagnants qui reçoivent le réconfort d'une colonie de prostituées veillant en permanence sur le bonheur des joueurs. C'est avec les recettes du casino que le représentant chinois Stanley Ho a fait sa fortune et, accessoirement, celle de l'île.

Macao n'a pas la fièvre immobilière de Hong Kong, cependant, depuis la rétrocession de Macao à la Chine, d'importants investissements ont été effectués. L'hippodrome et l'aéroport sont des constructions récentes qui montrent que Macao, dans les années qui viennent, connaîtra une prospérité certaine. La rétrocession de Macao à la Chine fut l'objet d'un curieux marchandage. En compensation de sa restitution, le Premier ministre portugais de l'époque, Annibal Cavaco Sylva, demanda en 1978 la restitution des ossements des jésuites portugais enterrés à Pékin. On procéda à un échange, mais les portugais découvrirent avec horreur que les tibias des jésuites portugais avaient été mélangés avec quelques ossements des Empereurs Ming. C'est avec de telles histoires que se bâtit la mémoire des peuples.

Hainan

Imaginez un merveilleux éden tropical, à la latitude du Vietnam, avec de longues plages de sable, plantées de cocotiers et de palétuviers, une mangrove qui dévore la mer et vous aurez le décor de Hainan, un décor idyllique et non encore exploité touristiquement. Une population, essentiellement d'origine vietnamienne, circule en vélo et les conducteurs portent souvent le casque des Bodoi (militaires nord-vietnamiens). C'est de Hainan, dont la capitale est Haiko, que proviennent les produits tropicaux en vente à Pékin tels que : ananas, noix de coco, mangues, etc. Hainan est la seule région de la Chine qui produise du cacao, du café et du caoutchouc.

La Commission ayant un projet pour développer la culture de la noix de cachou, je profitais de cette opportunité pour me rendre dans l'île. Sur place, je réalisais que les chinois ne disposaient pas de chaînes du froid leur permettant de conserver leurs produits périssables. Il fallait trouver un moyen pour les aider à les conserver. En alertant la Commission sur le sujet, nous avons réussi à entamer une coopération avec la Communauté Européenne dans ce domaine. Grâce à ces accords, une société française de Nantes a pu vendre à la Chine de grands frigidaires susceptibles de recevoir et de conserver ces produits. Je donne cet exemple parce que je suis convaincu que, dans chaque province chinoise, il y aurait moyen de développer une coopération avec l'Europe selon les sujets.

J'ai constaté qu'il était plus facile de travailler avec les provinces, qu'avec les capitales. La Chine a 28 provinces et c'est avec chacune d'elles qu'il faut traiter individuellement.

Shanghai

Shanghai ne cesse de faire parler d'elle dans le monde entier et de fasciner les occidentaux. Ses 17 millions d'habitants font d'elle aujourd'hui, la plus grande métropole chinoise. Il ne faut pas oublier que, en 1921, c'est de Shanghai que sont partis les premiers rassemblements communistes chinois. Les fidèles se réunissaient autour de Chou en Lai et de Mao Tse Tung dans une petite maison devenue aujourd'hui musée.

Shanghai a été très marquée par l'occupation japonaise de 1940 à 1944. Les chinois ne pourront jamais oublier les exactions et les crimes des japonais qui les ont marqués pour la vie. Quand on songe que de nombreux enfants ont été empalés à la pointe des baïonnettes japonaises, on ne peut que les comprendre.

Ceci explique pourquoi les relations entre le Japon et la Chine sont jusqu'à présent restées extrêmement difficiles. Récemment encore, les chinois ont dénoncé le fait que le Premier ministre japonais, Koizumi, se soit rendu au temple commémorant la deuxième guerre mondiale et prier pour l'âme des japonais disparus.

Shanghai est aujourd'hui le deuxième port mondial et représente une énorme métropole économique. Ses chantiers navals s'étalent sur une cinquantaine de kilomètres le long du Huangpu, formant un paysage de grues et de hangars des plus impressionnants.

L'Europe y est toujours omniprésente. Il suffit de se promener le long du « Bund », boulevard qui longe le Huangpu, pour voir défiler les anciens bâtiments construits par les européens au début du siècle. Les hôtels particuliers anglais et français donnent à Shanghai, aujourd'hui encore, une atmosphère occidentale que n'a pas Pékin.

Le soir, j'allais dîner à l'hôtel de la Paix, qui offre une superbe vue panoramique sur le port, pour ensuite traîner dans les petites rues pittoresques qui abritaient autrefois les fumeries d'opium. Parfois j'allais boire un dernier verre au bar le plus long du monde, un comptoir en zinc de 60 mètres de long, où des écrivains et des journalistes, tels que Lucien Bodard ou Robert Guillain, venaient aux informations pendant la guerre du Vietnam.

Les Shanghaiens ont toujours constitué un milieu politique à part. Zhang Ze Nin et Quin Qi Chen étaient tous les deux des shanghaiens. Le fait que la ville n'ait pas connu les émeutes de Pékin a certainement contribué à faciliter leur promotion. Zhang Ze Nin, d'abord Secrétaire du Parti communiste de Shanghai, après l'éviction de Zhao Zyang, en a pris ensuite la direction. C'est lui qui sera l'artisan de la réforme en Chine et permettra les performances économiques que nous connaissons aujourd'hui.

Ces dernières années, Shanghai a beaucoup changé. La croissance vertigineuse de la Chine a complètement modifié le visage urbain. Un aéroport gigantesque a remplacé les baraquements de bois que j'ai connu à mon arrivée en Chine en 1988. Une tour de télévision géante haute de 400 mètres a été installée sur l'autre rive du Huang Pu. Les usines ont été modernisées : c'est là que Volkswagen y fabrique la voiture Santana. Fait insolite, les chaînes de montage diffusent la neuvième symphonie dans des usines d'une propreté exceptionnelle, ce qui n'est pas monnaie courante en Chine. Les immeubles grimpent à toute allure et les ouvriers chinois ne ménagent pas leur peine, parvenant parfois à en construire un par jour. On peut se demander avec une certaine inquiétude, où cela va s'arrêter.

Depuis que la Commission Européenne a installé la Business School dans la cité satellite de Pudong, une centaine d'usines étrangères s'y sont implantées. Mais Shanghai n'est pas qu'une cité commerciale, c'est aussi, une grande métropole culturelle. Un superbe opéra construit par un architecte français : charpentier, donne des représentations dont l'opéra Carmen en chinois. Le spectacle est insolite mais plein de charme.

J'ai longuement visité le Musée Historique de Shanghai qui comporte la plus belle collection de bronzes chinois du Ve siècle avant J.C., ainsi que des coupes en bronze qui démontrent bien que les chinois buvaient déjà de l'alcool de riz dès cette époque. Ceci m'a permis, quelques années plus tard, lorsque je travaillais pour LVMH, de me servir de cette référence pour la vente du cognac Hennessy en Chine.

La mode shanghaienne est loin d'être à la traîne. Elle se situe même à l'avant garde de la mode internationale. La rue de Nankin est une vitrine permanente devant laquelle défilent des milliers de personnes. Tous les grands noms de la mode y sont présents : Chanel, Dior, Hermès, Vuitton. La soie et le coton chinois sont tissés avec des techniques du XVIIe siècle, mais la combinaison du produit chinois et du design européen donne souvent des résultats spectaculaires.

Les jeunes de Shanghai, conscients des possibilités qui s'offrent à eux et de l'intérêt croissant manifesté par les grandes firmes occidentales, se veulent à la pointe du progrès et profitent de ce boom économique pour se former à toutes les disciplines du présent et du futur, et surtout apprendre les langues étrangères. Certains jeunes affirment leurs personnalités en s'habillant de manière provocante, cheveux teints en jaune, vêtements complètement farfelus. Mais qu'on ne s'y trompe pas, leurs ambitions ne sont pas à la traîne.

Shanghai va être amené à jouer un rôle de plus en plus important dans la vie politique et économique des chinois. Depuis cinq ans, la Bourse de Shanghai a connu d'excellentes performances et il est clair que dans l'esprit des dirigeants chinois, Shanghai sera amené un jour à dépasser Hong Kong sur le plan financier. Hong Kong a certainement plus de savoir-faire et une excellente tradition boursière, mais Shanghai bénéficie de tout l'arrière pays chinois qui lui assure un développement continu. J'allais souvent au Consulat de France rencontrer Pierre Barroux, Consul de 1988 à 1991. Nous bavardions longuement sur les perspectives de Shanghai.

Le Consulat est installé dans le quartier de l'ancienne concession française. Au premier étage, une superbe bibliothèque abrite une collection de volumes et de manuscrits chinois de grande qualité. Un jardin chinois arborant de superbes pivoines au printemps, entoure la Résidence. Comment ne pas évoquer les souvenirs des poètes Paul Claudel, Saint-John Perse et de tous ces diplomates français, qui au début du XXe siècle, découvrirent la Chine. Inspiré par l'autorité de Philippe Berthelot, Secrétaire Général des Affaires étrangères, il y eut à partir de 1910, au Quai d'Orsay, un véritable engouement pour la Chine qui ne s'est jamais démenti. Des hommes comme Étienne Mana'ch, Charles Malo et Claude Martin (ambassadeurs de France en Chine) prolongeront cette tradition.

Je me souviens d'une visite chez Étienne Mana'ch qui était maire de Pont Aven en Bretagne. En 1988 à la veille de mon départ pour Pékin, il m'avait donné le conseil de me « siniser » tout en restant moi-même, et c'est là que réside toute la difficulté pour un Européen en Chine. Au fur et à mesure où celui ci s'installe dans le pays, y apprend la langue et les coutumes, il commence à pratiquer « l'understatement » à la chinoise, c'est-a-dire qu'il reste en retrait de lui-même et ne dévoile pas ses intentions tout en les laissant deviner. Un peu plus tard, Il s'exprimera plus clairement et proposera une solution claire qui devrait emporter l'adhésion des deux cotés. C'est là tout le talent du négociateur, sinon ces négociations risquent de durer éternellement, les chinois ignorant la notion temps.

C'est à Shanghai que j'ai perçu la complexité de la négociation en Chine et que j'ai pu progresser sur le dossier de l'adhésion de la Chine à l'Organisation Mondiale du Commerce. Les milieux d'affaires shanghaiens étaient favorables à l'ouverture de la Chine au Marché mondial, alors que les technocrates de Pékin et du Parti communiste l'admettaient difficilement. Il fallait faire preuve d'une diplomatie très particulière que j'avais fini par acquérir à force d'expériences de ce genre.

Je conserve un souvenir ému de mes séjours à Shanghai qui ont été des moments de grande richesse et de grande réflexion, une sorte de pause dans les contraintes de mon métier. Shanghai sera dans les 30 ans qui viennent, une des plus grandes mégapoles d'Asie. Elle sera amenée à jouer un rôle de plus en plus important dans les marchés financiers et la mondialisation ne peut que la servir. Les Japonais ne s'y trompent point qui voient en Shanghai le port qui devrait un jour surpasser Yokohama. L'élite universitaire de Shanghai forme les esprits les plus brillants, adaptés aux techniques les plus évoluées de la technologie et de la communication. Ville phare du XX1e siècle, Shanghai doit conserver un certain équilibre avec Pékin qui reste la cité rivale détentrice des pouvoirs politiques.

Canton

La grande métropole du Sud de la Chine, Guangzhou, située sur la rivière des perles, a une longue histoire derrière elle. C'est par Canton que, dès le XIIe siècle, des contacts ont eu lieu avec le Sultanat d'Oman qui envoya le premier bateau de commerce en Chine. Je me suis souvent rendu à la Foire de Canton qui se tient en avril, et qui est la manifestation la plus exhaustive du commerce chinois.

J'étais là, un jour en compagnie de Pierre de Montgolfier, représentant de Peugeot et nous parcourions les stands débordant de marchandises. Le Secrétaire du Parti communiste de Canton nous avaient invité à déjeuner. Déjeuner inoubliable où on nous servit en entrée du bouillon de serpent, suivi de scorpions grillés. Soudainement un invité se trouva mal et glissa sous sa chaise victime d'un empoisonnement. On ramassa le malheureux qu'on sortit de la salle et le déjeuner se poursuivit comme si de rien n'était. Notre calvaire n'était pas fini. On nous servit ensuite une patte d'ours accompagnée de trois ou quatre morceaux de setters grillés. Une anglaise présente à la table n'en supporta pas davantage et s'évanouit, nous étions à deux doigts d'en faire autant. Nous fîmes contre mauvaise fortune bon cœur en essayant péniblement de faire honneur à ce monstrueux dîner. Entretemps, le Secrétaire du parti avait avalé sans sourciller cinq verres de cognac ; un en entrée, trois pendant le repas et un à la fin. Inutile de préciser qu'il n'était plus tout à fait vertical à la sortie.

Dans l'histoire de la Chine, Canton tient une place de choix concernant les plaisirs de la table et bien d'autres encore. Un ambassadeur des

Pays Bas en Chine a écrit un ouvrage sur la vie sexuelle des chinois où il raconte en détail les scènes d'amour à Canton au XVIIe siècle. Cet ouvrage fait du Kamasoutra un livre pour jeune fille du Sacré Cœur. On dit aussi que les femmes chinoises montent regarder la lune le soir pour avoir un garçon et que l'influence de la lune sur les débats sexuels est l'objet d'intarissables commentaires en Chine.

Je ne décrirais pas le marché de Canton, car les marchandises qu'on y vend sont impensables pour un occidental et donnent raison au proverbe chinois qui dit : « Les chinois mangent tout sauf la table. » Ce proverbe illustre bien l'importance que les chinois attachent à la nourriture. Quand un chinois dit bonjour à un autre chinois, au lieu de lui demander comment vas-tu ? Il lui dit : « Chifeng la », ce qui veut dire : « As-tu bien mangé ? »

Aujourd'hui, la Chine n'est pas autosuffisante en matière de céréales, ce qui représente une grande source de difficultés pour le gouvernement. En 1990, le Premier ministre Li Peng avait demandé à la CEE si la Chine pouvait lui acheter 30 millions de tonnes de céréales. C'était juste après Tienanmen et le climat à Bruxelles était encore très hostile à l'égard de la Chine. Le client le plus importants à l'intérieur de la CEE était, jusque là, la Russie. Je pris l'avion pour Bruxelles et obtint du Président Delors l'autorisation de réaliser cette vente. C'était la première fois que la Chine achetait des céréales à l'Europe et non pas à l'Amérique ou au Canada. J'étais très satisfait du résultat qui plaçait l'Europe dans une bonne position sur le plan des échanges agricoles. Nous avons fêté ce résultat en compagnie des céréaliers français et de leur Président monsieur Blum à l'hôtel Crillon. Ils devinrent des partenaires réguliers de la Chine.

Je ne voudrais pas quitter Canton sans mentionner un très beau souvenir, celui de la visite de la tombe de l'Empereur Chin Niao (IIe siècle avant J.C.) Le squelette de l'empereur est recouvert d'un linceul de jade. Ce tissu en lamé d'argent comporte 90 disques de jade sur lesquels sont inscrits le sceau de l'empereur. Ce symbole est unique dans l'histoire de l'empire chinois et montre la place que la province de Canton, tient dans la mémoire de la Chine.

Avec le voisinage de Hong Kong et de Shenzhen, Canton est promise à un avenir brillant. L'équilibre entre le Sud et le Nord de la Chine devra être respecté si on veut maintenir la cohésion ethnique du continent chinois.

Kunming

La Foire de la fleur coupée qui se déroule chaque printemps à Kunming tient une place considérable. On y trouve toutes les variétés florales de la Chine : camélias, pivoines, lotus, jonquilles, résédas, etc. et pour cause ! Kunming bénéficie d'un climat exceptionnel, 18 degrés toute l'année. Située au Sud-Ouest de la Chine, capitale de la province du Yunnan et frontalière du Laos, cette région est la plus méridionale de la Chine.

Nous sommes dans le fameux triangle d'or où se trouvent les cultures d'opium et de cannabis. Suite à cette visite, je suis parvenu à intéresser les herboristes chinois au marché européen. Grâce à cette intervention, les fleurs coupées chinoises sont maintenant vendues dans la Communauté Européenne à des tarifs aussi intéressants que les fleurs coupées d'Israël ou de Colombie.

Pendant mon séjour à Kunming, j'ai eu l'occasion de visiter une fumerie d'opium. Il y avait quatre ou cinq fumeurs âgés d'environ 80 ans, d'une maigreur impressionnante. Ils étaient allongés sur de grands lits avec des oreillers en porcelaine sous la tête, et maniaient avec dextérité une longue pipe qui reposait sur les braises rougeâtres d'un petit réchaud. Fumer l'opium est interdit en Chine. Les deux guerres de l'opium entre britanniques et chinois au XVIIIIe siècle ont fait des milliers de morts et l'Occident souffre encore d'avoir voulu introduire l'opium en Chine.

Je quittais Kunming avec l'ambassadeur du Laos à Pékin qui m'invitait à visiter sa ville. J'arrivais à Vientiane après une heure d'avion. Vientiane est située au bord du Mékong à la frontière Thaïlandaise.

Je logeais dans le seul hôtel réservé aux Occidentaux, avec une vue superbe sur le Mékong qui traverse le Laos pour se jeter ensuite au Cap Saint Jacques au Vietnam. L'hôtel était tenu par un couple corse et je retrouvais avec bonheur, et pour la première fois depuis que j'avais quitté la France, un petit déjeuner avec du café noir et des baguettes à la française. Ce qui me rendit le Laos à priori sympathique.

Le Laos est un très vieux pays bouddhiste et les laotiens constituent une ethnie qui a fait partie de l'ancienne Indochine française. Protectorat des amiraux, c'est la marine française qui a conquis le Laos au XIXe siècle. Mais, conséquence de la guerre d'Indochine, le Laos est depuis un pays communiste.

Le père de l'ambassadeur du Laos, ancien ministre d'Hô Chi Minh, habitait Luang Prabang. Il me proposa de l'accompagner. Nous passâmes une première journée à Luang où j'eu un échange de vues des plus intéressant avec le Secrétaire d'États aux Affaires étrangères.

Le Laos cherchait depuis longtemps à se rapprocher de la CEE. Le soir j'étais invité à un dîner à l'Ambassade de France avec les autres ambassadeurs de la CEE. Nous étions tous d'accord sur le fait qu'il fallait commencer par négocier un premier accord avec le gouvernement laotien. Ceci en dépit des remontrances éventuelles de la part de l'Union soviétique et de la Corée du Nord qui avaient de la peine à admettre que le Laos puisse échapper à leurs tutelles.

Je décidai ensuite d'accompagner mon ami qui allait voir son père. Nous prîmes un petit avion et débarquâmes à Luang, ville superbe, avec une baie bordant le Mékong. Je logeais dans une maison sur pilotis au bord du fleuve, le dîner était servi par des femmes des minorités Moï qui portaient de superbes bijoux faisant ressortir leur peau mâte.

Le père de l'ambassadeur avait participé à la guerre du Vietnam et à la bataille de Diên Biên Phu. À la lueur de bougies, penchées sur la carte représentant la cuvette de Diên, nous devisions sur le passé. L'armée française, cernée par les maquis du Vietnam, avait été obligée de capituler. Nous avons discuté toute la soirée de la relation qu'avait eue Hô-Chi Minh avec les chinois et de l'aide que la Chine avait pu apporter au Vietnam. Je mesurais alors, que ce pays avait gagné deux guerres et pas n'importe lesquelles, contre les français d'abord, contre les américains ensuite. Ceci devait compter dans les nouveaux équilibres politiques du Continent Asiatique.

Xinyang

En 1991, je me rendis au Xinyang où je devais implanter le projet laitier dont j'ai parlé plus haut. Le Xinyang, partie Ouest de la Chine, fait partie du Turkestan chinois où se trouve la minorité musulmane la plus importante de Chine. Cette population qui compte environ une vingtaine de millions d'habitants s'échelonne tout le long de la route de la soie. En arrivant à Urumchi, la capitale, on me conduisit au « guest house » du gouvernement chinois, qui comportait une salle de prière islamique.

Le soir, un diner était offert en notre honneur avec les représentants musulmans de la ville. Ceux-ci étaient tous coiffés de feutres ou de casquettes marron, portés à l'envers selon la coutume. En fin de banquet, nous eûmes droit à une danse du ventre au milieu de spectateurs musulmans assis par terre, et de chinois se tenant debout. Le contraste entre ces deux mondes était manifeste sur bien des plans.

Les chinois, qui occupent le Xinyang depuis très longtemps, admettent que les minorités ouigour peuvent s'exprimer dans leurs langues et pratiquer leur religion. Cependant, un sujet sur lequel ils refusent de faire des concessions est le problème de l'enfant unique qui est la règle commune en Chine depuis Mao Tsé Tung.

Les familles musulmanes composées de plusieurs enfants s'opposent donc aux chinois qui, fidèles aux principes de l'État, obligent les femmes musulmanes à se faire avorter. Ceci n'a pas manqué de provoquer des émeutes et des réactions violentes dans les années 1990. Par ailleurs, une très grande pauvreté existe chez les musulmans, dont beaucoup ont un revenu qui ne dépasse pas 300 dollars par an.

Pendant la guerre du Golfe, les minorités musulmanes étaient plutôt en faveur de Saddam Hussein. Depuis les évènements d'Irak, le Président Bush a soutenu le gouvernement chinois, considérant que les minorités ouigour, quand elles manifestent contre les chinois, sont probablement soutenues par Al-Qaida. Il n'est pourtant pas certain que le mouvement de Ben Laden soit présent au Turkestan chinois, celui ci ayant plutôt des contacts avec l'Ouzbékistan et le Kazakhstan, républiques musulmanes voisines. Ces minorités parlent plus le turque que l'arabe et sont, au fond, d'origine mongole. Lorsque l'ambassadeur de Turquie à Pékin voulait savoir ce qui se passait sur le plan politique, il lui suffisait de lire les journaux ouigour en langue turque.

Quittant Urumchi, je me suis rendu à Tourfan, superbe oasis, également située sur l'ancienne route de la soie. Chose rare en Chine, on aperçoit en arrivant à Tourfan une très belle mosquée qui s'élève dans le désert. La vigne est reine dans cet oasis. La rue centrale est bordée de treilles supportant de lourdes grappes de raisins. Après 200 kms dans le désert, on arrive à Kachgar, dernière ville de Chine avant la frontière pakistanaise.

Kachgar comporte également une grande mosquée avec une longue galerie de bois peinte débouchant sur une salle de prière. Alors que j'écoutais le prêche de l'Imam perché sur un miram, je découvris (quelle surprise !) que celui-ci était un ancien camarade de classe à moi. Cette rencontre insolite, dans un endroit tellement inattendu, nous enchanta tous les deux. Après maintes effusions de part et d'autre, il m'emmena manger un couscous dans une famille musulmane de la ville. Cette visite me permit de mieux comprendre les différences qui existaient entre monde musulman et monde chinois, différences qui créaient un fossé entre ces deux civilisations. Les chinois, qu'ils soient bouddhistes ou confucéens, ne sont pas religieux, contrairement aux musulmans pour qui la religion est le principal pilier de leur vie quotidienne. Rien d'étonnant que le monde musulman ait de la peine à s'adapter à celui ci. C'est au fond le même problème que celui des tibétains bouddhistes avec Pékin.

Cependant, il faut noter que Pékin entretient de très bons rapports avec le Pakistan voisin, ce qui n'est pas le cas avec l'Inde à cause du problème du Tibet. La luxueuse mosquée de l'ambassade du Pakistan à Pékin occupe une place importante dans la ville. Les chinois ont aidé les pakistanais à fabriquer la bombe nucléaire et c'est un professeur chinois qui s'est rendu à Islamabad former des chercheurs pakistanais à la technologie de l'enrichissement de l'uranium. Le Président Mousharraf est un grand ami du Président chinois Hu Jintao, et la coopération sino-pakistanaise y est très développée.

Je réalisais progressivement combien il était important pour un diplomate en poste en Chine de tenir compte de ses problèmes frontaliers avec les États voisins : le Vietnam, la Thaïlande, l'Inde le Pakistan et bien sûr les 7000 kms qui longent la Russie. Tout ceci sans oublier sa façade Est, avec une Corée divisée qui pose un problème permanent pour la Chine.

Par ailleurs, les relations de la Chine avec le Japon, depuis la deuxième guerre mondiale, n'ont pas encore trouvé d'équilibre. J'ai plusieurs fois discuté avec l'ambassadeur de Chine aux Nations Unies à New York. Chaque fois que je le voyais, il me disait : « La Chine, avant d'être une puissance mondiale, est une puissance régionale. »

Le grand problème actuel de la Chine aujourd'hui, comme pour beaucoup d'autres États, est celui de l'énergie. Les Chinois viennent de signer avec l'Iran un contrat de 100 milliards de dollars qui leur permettra d'avoir un approvisionnement très important en pétrole iranien. C'est la raison pour laquelle les chinois s'abstiendront toujours d'être partie prenante dans les sanctions que les Nations Unies infligent à l'Iran.

Les Européens, qui doivent faire face à la politique du Président Poutine et à la nouvelle puissance que représente Gazprom, doivent tenir compte de la position de la Chine face au défi des russes dans ce domaine. Le fait que le nucléaire et les nouvelles énergies doivent progressivement se substituer au pétrole impose au plus vite, à l'Union européenne, de se concerter avec la Chine sur ce qui sera un des grands problèmes du XXIe siècle : la pénurie de pétrole et des énergies de substitution.

Vietnam

En 1993, je me suis rendu à deux reprises au Vietnam. À Hanoi d'abord, en janvier, puis à Saigon (Hô-Chi-Minh-ville) en juin. Le Vietnam a été profondément secoué par les deux guerres qui ont ravagé ce pays et ont fait quatre millions de morts. Une situation qui me faisait beaucoup penser à l'Allemagne de l'après-guerre, où le nombre de mutilés dans les rues était impressionnant.

Il existe cependant au Vietnam une proximité culturelle entre l'ancienne génération vietnamienne qui a connu la période du protectorat et les français. Cette proximité fait que le contact est beaucoup plus aisé et plus rapide qu'avec les chinois. Le vietnamien est une langue qui a été romanisée par un abbé français. L'écriture ne comporte pas d'idéogrammes comme en chine et l'alphabet est identique au nôtre.

En effectuant ces deux voyages, j'avais plusieurs objectifs. Je voulais d'abord obtenir un accord avec les autorités vietnamiennes pour limiter l'exportation de leurs textiles qui, déjà à l'époque, inondaient le marché européen.

Mon deuxième objectif était d'examiner la possibilité d'installer une délégation de la Commission à Hanoi et, le troisième, de créer avec les vietnamiens les conditions d'un rapprochement avec l'Europe, car ceux-ci n'avaient qu'une préoccupation : rétablir des relations normales avec les américains.

Arrivé à Hanoi au mois de janvier 1993, je fus frappé par l'atmosphère d'austérité qui y régnait. Il y avait là tous les ingrédients d'un communisme pur et dur. Les souvenirs de la colonisation française dans cette ville me faisaient penser à une petite ville de province du style Nevers. Le Palais gouvernemental était l'ancien palais du gouverneur français, Paul Doumer, qui y avait résidé longtemps. Le théâtre, une reproduction en plus modeste de l'opéra Garnier, l'Institut Pasteur et les universités représentaient autant de souvenirs de la présence française dans ce pays.

À côté du Palais présidentiel se trouvait la maison sur pilotis où résidait Hô Chi Minh. Elle témoigne du souvenir de celui qui fut le grand artisan de l'indépendance du Vietnam. En pénétrant dans son bureau, on peut apercevoir des manuscrits de Fidel Castro, de Che Guevara, de Lénine et de Trotsky. On a une perception immédiate de la présence d'un révolutionnaire authentique.

Le soir, Hanoi retrouve une âme. L'atmosphère y est tout à fait différente. De ravissantes jeunes vietnamiennes en robes multicolores moulantes fendues sur les côtés, dégustent des glaces à la mangue sur la terrasse de l'hôtel Rex, les boites de nuit sont remplies de consommateurs qui écoutent des chansons françaises d'Edith Piaf et de Charles Trenet. Il y a, à Hanoi, une opposition très marquante d'un communisme pur et dur qui s'affiche durant la journée, avec une nette volonté de s'en échapper la nuit venue.

Je visitais le musée de l'armée à l'entrée duquel deux avions, l'un français et l'autre américain, témoignaient de la double victoire des vietnamiens dans deux guerres meurtrières, l'une contre les français l'autre contre les américains. Une salle était consacrée à Diên Biên Phu, avec la maquette de la célèbre cuvette où les troupes françaises du général de Castries connurent la défaite par la reddition du 15 mars 1955 au général Giap.

J'ai rencontré le général Giap qui a aujourd'hui 90 ans. C'est un homme sévère qui a l'austérité des généraux soviétiques. Il m'a expliqué en riant, et dans un excellent français, qu'on reconnaissait un officier vietnamien, non pas à ses gallons (les grades étant interdits), mais au nombre de crayons bics qu'ils portaient sur leurs pochettes. Comme je l'interrogeais sur les raisons de sa victoire à Diên Biên Phu, il m'a répondu (comble de l'ironie), qu'il avait appris la tactique militaire dans les manuels d'histoire français qui relataient en détail les guerres de la révolution et de l'empire.

Concernant mon deuxième objectif, qui était d'instaurer une Délégation Européenne à Hanoi, j'eu de longs entretiens à ce sujet avec le ministre des Affaires étrangères. Cela n'était pas facile, car les vietnamiens étaient surtout hantés par la nécessité de faciliter le retour des deux millions de vietnamiens partis sur la côte californienne, suite à la prise du pouvoir par le Viêt Minh en avril 1955. Ils en faisaient une priorité absolue par rapport à une ouverture vers l'Europe. Mais finalement, les vietnamiens acceptèrent le principe d'une délégation de la Communauté Européenne à Hanoi. Celle ci devait s'ouvrir trois ans après ma visite.

En juin 1993, je me rendis à Saigon. Autant Hanoi dégageait une impression de froideur et d'austérité, autant Saigon était une ville chaleureuse avec son climat tropical sur les bords du Mékong. Ce décor d'un grand port des mers du Sud lui conférait un charme très particulier. Je logeais à l'hôtel Rex qui faisait penser à un hôtel français des années trente à la Côte d'Azur. On m'avait remis un sac de « dongs », monnaie locale vietnamienne. Un dollar équivalait à mille dongs. Chaque jour, j'héritais d'un sac de dongs. Les cartes de crédit n'étant pas opérationnelles, les opérations de change posaient un problème permanent.

Madame Delors, qui est basque et qui a des liens personnels avec le Cardinal Etchegaray, m'avait conseillé de rendre visite au grand séminaire de Saigon. Je fus reçu par un Jésuite vietnamien dans un bâtiment copie du Grand séminaire de la place Saint Sulpice à Paris.

Après avoir visité trois salles consacrées aux évêques martyrs d'Indochine assassinés par les communistes, le Directeur du Grand Séminaire me fit entrer dans son bureau pour me parler d'un problème qui le préoccupait.

Il m'expliqua qu'un prêtre du grand séminaire avait reçu une invitation du Cardinal Lustiger à Paris pour un séjour de six mois, mais que la Commune de Saigon refusait de lui accorder un visa. Il me demandait si je pouvais intervenir auprès des autorités vietnamiennes pour lui faciliter ce séjour en France. Il se faisait que le soir même, je dînais avec le Président de la Commune populaire de Saigon (l'équivalent d'un maire en France), et lui promit que je m'efforcerais de plaider sa cause. Il me raccompagna jusqu'à ma voiture garée dans la cour où des séminaristes en shorts jouaient au basket ball. Nous étions à des lieux de l'image traditionnelle que j'en avais.

Le soir, je dînai comme prévu à l'hôtel de ville de Saigon. J'attendis la fin du repas pour exposer au maire ma requête d'obtention d'un visa pour le protégé du directeur du grand Séminaire. Sans attendre davantage, le maire se leva de table et alla voir le Secrétaire du parti qui dînait à l'autre bout de la pièce. Celui-ci, sans se départir un instant de son flegme, demanda si, contre ce visa, je serais prêt à leur accorder des quotas d'exportation de textile plus favorables que ceux proposés par la Commission à Bruxelles.

À la sortie du dîner, je réunis les consuls européens en poste à Saigon J'obtins leur accord sous réserve d'une approbation de leurs capitales respectives. Le lendemain matin, je les reçus à l'hôtel. L'accord des capitales des pays membres avait été donné et je pus ainsi débloquer ce dossier. Le visa était accordé.

L'après-midi, en regagnant ma chambre, quelle ne fut pas ma surprise de découvrir le séminariste, qui venait de recevoir l'autorisation du visa, à genoux sur le tapis de ma chambre. Celui ci me dit, les larmes aux yeux, qu'il prierait toute sa vie pour moi et pour ma famille. Ce geste touchant illustre bien toute la difficulté de ce peuple à se libéraliser.

TEMOIGNAGES

Un ami des premières heures

Ivo Dubois

Le récit de Pierre Duchâteau que l'on vient de lire est typique du personnage qu'il incarne. Plus vrai par les sentiments et les impressions qu'il exprime que par la précision des éléments relatés. En partant de mes souvenirs personnels, j'y retrouve quelques éléments pour une grille de lecture de ce document irremplaçable.

La première fois que j'ai rencontré Pierre, c'était lors de ma prise de fonction à l'Euratom, le 21 mai 1958. J'ai immédiatement été impressionné par cet homme à la stature imposante. À l'époque, une « aura » de mystère nous entourait : le traité de l'Euratom allait-il vraiment être appliqué ? Pierre balayait ces incertitudes d'un large revers de la main en nous disant : « Ce week-end je serai à Paris et je m'en occuperai. » Avec qui et comment ? Mystère et boule de gomme ! Jeune fonctionnaire néerlandais jeté dans ce milieu européen totalement nouveau pour moi, où l'on ne parlait que le français, je restais totalement ébahi et perplexe devant tant de certitudes !

Pierre s'attribuait le rôle qu'il s'était choisi avec la plus grande aisance et un naturel déconcertant. Son éloquence fluide nous remplissait d'admiration et d'un respect d'autant plus grand, que son talent d'interprétation lui permettait, à partir de quelques faits épars, de brosser un vaste panorama de lignes de force sur des grands sujets politiques. Pour ne citer qu'un exemple, en 1961, après avoir passé quelques heures en Espagne chez son tailleur, il nous dressa un tableau complet de l'avenir politique, économique et social de ce pays ! Synthèse brillante faite d'un mélange de lectures, de contacts et de réflexions personnelles.

Cette remarquable capacité de synthèse se retrouve tout au long des écrits que l'on vient de lire…

Avec Pierre Duchâteau dans la « toile d'araignée » turque

Robert COX

J'ai connu Pierre occasionnellement pendant les années 1970. C'est en automne 1978 que notre connaissance et notre amitié sont devenues plus substantielles, suite à ma nomination au poste de chef de la Représentation de la Commission Européenne en Turquie. Il est même probable que Pierre y était pour quelque chose. Avec sa capacité de retenue, il me n'en a jamais dit quoi que ce soit. Car Pierre, à l'époque, avait la Turquie dans son panier de compétences. À ce titre – et à d'autres – il jouissait de la confiance de Wilhelm Haferkamp, vice-président de la Commission responsable des relations extérieures, ainsi que de Émile Noël, ce grand *commis d'État*, Secrétaire Général de la Commission, qui était né à Istanbul et au profit duquel tout le monde à la Commission reconnaissait une certaine « chasse gardée » d'intérêt et d'influence en matière turque. C'était la période où, pour emprunter le langage de de Gaulle, la « chienlit » caractérisait la politique turque dans une débandade qui, presque deux ans après ma nomination, devait aboutir au coup d'État militaire de septembre 1980. Ce chaos dominait surtout la politique intérieure du pays. Mais sa politique européenne en pâtissait tout autant. Nombreux furent les turcs à blâmer « l'extérieur » pour les maux dont ils étaient en premier lieu eux-mêmes les architectes. L'Europe, terre promise toujours hors de portée de la main, en faisait particulièrement les frais. Plongé dans cette situation difficile j'ai eu l'énorme chance dans l'exercice des mes fonctions de me savoir appuyé par Haferkamp et Noël, et plus particulièrement par Pierre Duchâteau.

Pierre – on l'a constaté ensuite en Chine et dans bien d'autres situations si vivement décrites dans ce savoureux récit de sa mémoire – était comme un poisson dans l'eau dans ce marécage turc. Dans une période où les visites d'hommes politiques européens de haut niveau se faisaient de plus en plus rares en Turquie, les passages discrets fréquents à Ankara et à Istanbul de Pierre m'étaient très précieux. Pierre savait s'entretenir avec finesse avec la *nomenklatura* turque, kémaliste d'État, ou des milieux d'affaires, tout en étant très ferme et clair. Un épisode me revient maintenant à l'esprit. Un jour, en réunion de travail, les turcs se plaignaient comme d'habitude du protectionnisme européen contre leurs produits agricoles. Pierre – en tant que responsable des relations avec ce pays savait de quoi il parlait – raconta le cas d'Israël dont les exportateurs, agissant en collectif envoyaient tous les jours, à une heure précise, un Boeing 747 cargo bourré de fruits et légumes, triés et emballés selon les meilleures normes européennes, ce qui permettaient des livraisons quotidiennes dans les *Kaufhof* et autres échoppes à grande surface bien à temps pour l'arrivée des premiers clients à l'ouverture des portes. Et si les turcs se débrouillaient pour faire de même ? L'un de nos interlocuteurs ne rata pas l'occasion de faire une petite remarque *sotto voce* de teinte antisémite, ce qui n'échappa point à Pierre qui l'a vite et fermement remis à sa place, ce qui lui gagna le respect des autres fonctionnaires présents. Rares sont les diplomates capables de livrer un message clair et fort, même didactique, sans que les esprits s'enflamment. Pierre fut de ceux-là.

Avec l'arrivée des soldats au pouvoir, les relations entre la Turquie et l'Europe entrèrent dans une nouvelle ère de complexité. Pierre respectait l'usage selon lequel un haut fonctionnaire de la Commission de passage dans un pays tiers rencontrait les ambassadeurs des États membres sur place. À l'époque, ces ambassadeurs possédaient souvent des connaissances de la réalité, des compétences et du droit – pour ne pas parler de l'esprit – communautaires assez minimes, ou s'en moquaient carrément. À Ankara, l'OTAN représentait le contexte prédominant pour ces messieurs. À cette occasion Pierre se vit obligé de fournir une leçon sur l'Europe à « leurs excellences » qui, pour la plupart d'entre eux, se contentaient de reconnaître le rôle de la Commission dans la politique commerciale, *e basta*, et s'indignaient de l'ingérence politique que se permettait cette obscure technocratie subalterne dans la hiérarchie de leurs idées. La réunion terminée, quand Pierre fut reparti pour Bruxelles, je me demandai quelles seraient les séquelles de cet entretien dans mes propres relations avec les ambassadeurs, rapports qui n'avaient pas toujours été empreints de chaleur et d'ouverture. (J'appris par la suite que Pierre avait eu l'occasion de me défendre dans certains cénacles bruxellois – ainsi que mon prédécesseur – contre des plaintes en provenance de milieux ankariotes à propos « d'activisme » dans l'accomplissement de nos fonctions). À ma grande surprise, dans les jours qui suivirent, deux ambassadeurs m'ont appelé pour me dire combien ils avaient apprécié le briefing de Pierre – « I learned a lot ; it was very instructive » m'a dit l'un d'eux.

Voilà ce petit récit pour démontrer la capacité de Pierre de faire passer un message empreint de franchise et de fermeté et en même temps de créer une grande réceptivité auprès de son audience ; « malgré eux » pourrait-on dire. C'est le cachet d'un grand diplomate. Et d'un grand personnage.

Mémoires de l'Europe en devenir

Mémoires de l'Europe en devenir est une collection consacrée à mettre en valeur la mémoire historique de la construction européenne afin de contribuer à une meilleure compréhension, par les citoyens de l'Europe nouvelle, des valeurs, des buts et des processus de leur devenir commun. Elle comprend quatre catégories d'ouvrages : des biographies, mémoires personnelles et portraits des « *Acteurs* » qui se sont engagés personnellement pour contribuer à l'histoire de la nouvelle Europe ; des analyses des « *Événements* » qui ont orienté l'avenir et changé le cours des choses ; des récits de la conception, du développement et des réalisations des « *Institutions et Associations* » qui ont participé à transformer les mentalités et à la prise de conscience d'une citoyenneté européenne ; et finalement des présentations et analyses des « *Thèmes* » qui ont marqué l'évolution originale de la société européenne pour la conduire sur des voies nouvelles. Cette collection, inspirée de l'histoire récente, se veut ouverte et diverse, originale et dynamique, à l'image même de l'Europe qu'elle veut contribuer à construire.